Poá — Sua História e suas histórias.

Em memória de
meus tios poaenses:
Juvenal, Olinda, Julinha, Zeca,
Mariquinha, Bela e
Raul Ignácio da Silva.

O tempo parece depender de nós:
pára, quando estamos tristes
e corre, quando estamos alegres.
Com o tempo, uns tem a impressão
de terem andado os caminhos.
Outros, de os caminhos os terem andado...

encruzilhada

r.i.silva

encruzilhada

r.i.silva

"Encruzilhada".

Membro da Academia Paulistana da História e Ordem Nacional dos Bandeirantes.

Capa e ilustrações: Rigsil.
Editoração gráfica: Eduardo Silva.

encruzilhada
r.i.silva

Edição da Renig - Editora e Assessoria Publicitária.
Distribuida pela Catavento Distribuidora de Livros. Rua Conselheiro Ramalho, 928 - Cep. 01325-000 - São Paulo - SP. Caixa Postal 594. Fone: (011) 289-0811. Fax: (011) 251-3756. E-mail: catavento@uol.com.br.
Site: www.cataventodistribuidora.com.br
Autor:rigsil@ig.com.brEditora:renig.edi@ig.com.br

SUMÁRIO

O AUTOR E A OBRA ____ 8
ENCRUZILHADA ____ 10
A PROFECIA ____ 15
GUAIANÁ ____ 19
FONTE DOS MILAGRES ____ 25
O POAENSE ____ 29
FRANGO DE JACÁ ____ 31
SALVO PELO TALENTO ____ 43
O RIO E SEUS SEGREDOS ____ 47
A SURPRESA ____ 55
LOBISOMEM NÃO TEM HORA ____ 73
SOLAR DE DONA YAYÁ ____ 75
O DESCRENTE ____ 87
O AMULETO DE BRONZE ____ 95
CHÁCARA DOS IRMÃOS ____ 97
CAMINHEIROS DO PROGRESSO ____ 101
SALÃO BAILE VERDE ____ 103
OS SONHOS DE THIRSO ____ 105
CHAPADÃO DO ENCONTRO ____ 119
O DEPUTADO ____ 125
CAMA DE MÃE ____ 143
LUGOLINA E ZABELÊ ____ 149
ARMAZÉM DO "SEU" ÉSSA ____ 151
A RESPOSTA DO PADRE ____ 159
SOBRENATURAL DE SOUZA ____ 161
ESTRANHA BEATICE ____ 165
PARA QUE SERVEM AS ORELHAS ____ 173
QUEM PROCURA ACHA ____ 179
VER DE PERTO PARA CRER ____ 181
VOLTAS DA VIDA ____ 185
PEREGRINOS DA ESPERANÇA ____ 191

O AUTOR E A OBRA.

"Encruzilhada", alinha-se como uma vertente bem definida, dentro do interessante tema histórico regionalista.

O jornalista, escritor e historiador Renato Ignácio da Silva é por demais conhecido, no campo da narração ambientada no Brasil em geral e especialmente no interior de São Paulo, onde dentro de seu estilo impar, realidade e ficção se misturam. Possue vivência e criatividade. Escreve bem, simples e claro, com competência. Desenvolvendo magistralmente as tramas e descrevendo os cenários com perfeição. Além de juntar personagens reais ou fictícios com fatos verídicos da vida, caracterizando-os com minúcias, o faz de maneira agradável, bem humorada até.

Porém o que nem todos sabem, é que o memorialista e consagrado Autor de tantos sucessos, quando criança viveu em Poá de 1939 a 1944.

Seu avô materno o português Sebastião Ferreira dos Santos, no início do século (1912) foi um dos pioneiros da cidade. Considerado por muitos como o fundador, pela dedicação e progresso que trouxe quando o lugar ainda era bairro de Itaquaquecetuba. Por outro lado, seu avô paterno, Francisco Ignácio da Silva, conterrâneo e amigo de Sebastião, foi o maior proprietário de terras locais na época. Apenas vinte por cento de Poá (só o centro), não era dele. Possuia 500 escrituras registradas no cartório de imóveis de Mogi das Cruzes.

Daquele tempo de lutas e conquistas, inicialmente por caboclos, portugueses, italianos e espanhóis, logo depois árabes e japoneses, hoje só restam seu nome em rua no centro, "Capitão Francisco Ignácio" e bairro da "Vila Júlia", dado em homenagem a sua esposa Júlia Pita da Silva. E de Sebastião, o esforçado lider, muito pouco, quase nada...

Do mesmo Autor: "Amazônia, paraíso e inferno", "Grunas", "Natureza morta. História viva", "Xarana. Viagem ao desconhecido", "Capitão Piranha", "Madeira-Mamoré-Martírios. Caminhos da ilusão", "Alma verde", "Cascalhos da promessa. Aventuras no garimpo do mal", "O semeador de acontecidos", "Xerifes & Coronéis", "Selva assombrada", "Pantanal silencioso — Esplendor e agonia do último mundo verde", "As lágrimas da serpente", "Ira santa", "No espaço não estamos sós...", "Amazônia sem mistério", "Vida e Reviver", "O regresso do cramulhão", "Anjos de aço", "A Guerra dos Espíritos", "Histórias que não contei", "O grito da selva", "A outra face do mal", "Certas veredas do mistério", "Vozes das águas" e "Rumo ao Porto Solidão".

Renig - Editora e Assessoria Publicitária.

ENCRUZILHADA.

Assim como muitos itaquaquecetubenses até hoje não gostam de saber que Itaquaquecetuba quer dizer simplesmente "Abundância de taquaras que cortam como facas", e moradores de Arujá não se conformando com a expressão "Morada do sapo", procuram sempre nomes mais poéticos como pequenos peixes etc, em Poá acontece o mesmo em relação a seus habitantes. Já se acharam muitos significados como tipo de abelha e córrego, mas a verdade é uma só, ainda que sem graça. Que dizer "Encruzilhada". Sítio onde se cruzam caminhos...

A expressão é de origem indígena e singela como tudo na época: "Bifurcação de caminhos". Chamado assim, desde quando em Poá se cruzavam os caminhos em direção ao Guaió, pelos quais passavam obrigatoriamente as pessoas vindas de Mogi das Cruzes rumo a Itaquaquecetuba.

O francês Milliet de Saint Adolphe que editou na cidade de Paris em 1845 o "Dicionário Geográfico e Histórico do Império do Brasil", confirma isso. Pouco depois de visitar as terras da citada região. Milliet atravessou obrigatoriamente por Poá, vindo de Mogi das Cruzes em direção ao centro de Itaquaquecetuba em meados de 1840 e a respeito do local que de longa data se denominava Poá, pelos índios, teceu a seguinte consideração: "Lugar de apartamento de caminhos. Encruzilhada da estrada de Mogi das Cruzes para Itaquaquecetuba"...

Não me preocupei muito em escrever sobre a sua fundação, em época seiscentista, pois Poá era um bairro de Itaquaquecetuba, assim sendo a cidade nasceu dali. E como tal, suas origens foram as mesmas. Berço de nativos guaianases, onde falavam o **nheengatu**, um braço da língua tupi, assim como Poá era um braço (dos mais importantes) de Itaquaquecetuba. Cujos limites iam de Mogi das Cruzes a Santa Isabel.

Sobre o início da História da região escrevi "Vida e Reviver", a partir de 1600, com maiores detalhes. Um trabalho literário relatando seus 400 anos de conquistas e realizações. Documentário firmado em fatos históricos, idealizado com o fim de resgatar a memória daqueles que lutaram para fazer o progresso local. E depois o alegre e descompromissado: "Histórias que não contei"...

Nesta série de contos poaenses, narrativas, crônicas, memórias, reminiscências, ou o que acharem melhor classificar, em ordem cronológica, o leitor vai notar dois fatos curiosos: um rio Tietê cheio de vida, tanto no que diz respeito aos peixes (em quantidade e variedade), quanto ao movimento de pessoas que habitavam suas margens. Outro, a maneira que os anos vão passando, as belezas da natureza se extinguem, pouco a pouco. Desaparecendo com o progresso, a descrição antes exuberante, de vegetais, peixes, animais, até a década de 40, onde termino o livro. Período que vivi em Poá, por cinco anos.

Pesquisei muito o bau da História. E esforcei-me por lembrar de narrações dos fatos ocorridos. Sobre acontecimentos poaenses. Passagens vividas e contadas.

Assim sendo, este livro em linguajar de uma época tranquila e distante, que rememora folclore, tradições, lendas, costumes e crendices da gente paulista, não é somente sobre a História de Poá, ele contém acima de tudo, envolto nas brumas do mistério, histórias em Poá...

O AUTOR.

encruzilhada

CONTOS POAENSES

r.i.silva

A PROFECIA

Da capoeira o macuco principiava o chamamento de recolher. O sapo-entanha anunciava a chegada da noite e a coruja suindara iniciava seu pio, com grandes nuvens cercando a lua. Hora em que milhares de vagalumes começavam como pequenas velas acesas, a luzir na escuridão.

O amanhecer, no farfalhar de folhas verdes o espetáculo era ainda mais bonito. O inhambu-xororó, a amargozinha e a rolinha-fogo-apagou mal tinham acordado. Nem o anambé e o arapapá. Só biguatingas, flamingos e colhereiros, ante o raiar do sol por entre nuvens de algodão, já perdiam-se no espaço...

Por ali, os guaianases reuniam-se despreocupados. Como no paraíso cercado de troncos das muirapirangas-roxas e touceiras de bacabas, tucuns e outras palmeiras esguias que o enfeitavam como precioso jardim, abrigando também multicores borboletas e beija-flores.

Um grupo indígena acampando aqui, outro acolá, No ar, o jaó, o pavi, a pomba-trocal e a pomba-de-espelho, exibiam-se em seus vôos acrobáticos sequer imaginando o significado de extinção.

O gavião-cauré com seu planar majestoso acima das copas das mamoranas, bem mais alto que o urubú-rei, parecia proteger a natureza e os nativos...

A época? Pelos idos de 1560, no século 16. Com fartura na região, de ibira-puitá, caviúna, jarina, cambucazeiro, jacareúba, fruta-de-pombo. Local? Próximo da aldeia denominada Ururai (hoje conhecida como área de São Miguel Paulista), nome dado devido a presença da Companhia de Jesus, de padres jesuitas famosos, estendendo-se até a "Barra do Ribeirão", que mais tarde passou a ser Guaió.

Região banhada pelo Anhembi (atualmente rio Tietê) que debaixo de angelins, frondosas perobeiras e das soberbas landis, rainhas da flora nas barrancas, fervilhava de dourados, caratingas e pacus-pebas. Tortuoso caminho de dorso cinza-esverdeado do ligeiro piavuçu. Do cascudo e da piava. Moradia de surubins e corimbatás. E em cujas águas agitadas brincavam lontras e ariranhas.

Nas matas, a calma tomava conta envolvendo o mico e o mono, no pé da copaíba. A codorna e pomba-juriti procuravam a sombra da andiroba. Só o gato-maracajá agitou-se, parecendo avisar o tatu-canastra e a preguiça-de-coleira. Esconderam-se os três por entre folhagens de maparajubas e quarubas-vermelhas, quando os intrusos foram chegando. Para acabar com a fartura de vegetais e animais. Iniciando a destruição da natureza...

E dispostos a ficarem de vez.

Em 1580, o trecho de terra já estava pertencendo a grande aldeiamento, cuja área fôra transformada em sesmaria e concedida pelo representante do governador da capitania paulista, capitão Pedro Lopes de Souza, para povoamento. Na época criavam Distritos e Vilas por necessidade de povoar, e que as vezes ficavam esquecidas por longo tempo.

Caso daquela área de Itaquaquecetuba, da qual Poá fazia parte. Nas duas últimas décadas do século 16, a região que mais tarde se tornaria de terras poaenses, era totalmente despovoada, constituindo-se somente de vasta sesmaria indígena. Entretanto o desenvolvimento da Vila da São Paulo de Piratininga, obrigou o deslocamento de "brancos" para a região que prometia ricas lavouras em seus vastos pastos, banhados pelo caudaloso Anhembi e seu afluente Guaió. Berço do lobo-guará, do calimico, da onça-pintada e do cachorro-do-mato vinagre.

Nos primeiros anos do seiscentismo a região começou a ser habitada, iniciando o desenvolvimento da Vila de Boigi (Mogi das Cruzes). Dessa forma, a região da qual Poá fazia parte, começava a se formar lentamente. No dia 16 de novembro de 1509, Gaspar Conqueiro, capitão e donatário da capitania, a mando do governador concedeu a Maria Álvares, viuva de Manoel Lianes, a sesmaria de "meia légua de terra e mais três capões de matos", na área.

Perto de sua terra, foram também concedidos grandes trechos, para Bartolomeu Bueno e mais tarde para seu filho Amador Bueno em 14 de fevereiro e 15 de março de 1611, respectivamente. O mesmo Bartolomeu Bueno que mais tarde seria aclamado "Rei de São Paulo" pelo povo. Com a criação da Vila de Santana de Mogi Mirim (nova denominação de Mogi das Cruzes) em setembro de 1611, a região de Poá foi a ele anexada devido sua proximidade...

As terras anteriormente ocupadas por Maria Álvares, Bartolomeu Bueno e Amadeu Bueno, tornaram-se mais tarde, devolutas pois os moradores transferiam-se constantemente de local. Abandonadas, considerável parte hoje pertencente a Poá, foi em 1627, concedida pelo capitão-mor Manoel Rodrigues de Moraes, aos padres do convento de Nossa Senhora do Carmo, da capital, conhecidas popularmente por Carmelitas.

Essas terras somadas a outras na paragem de Embiacica (atual Itaim Paulista), formaram uma das mais prósperas fazendas, que continha frutos, aves e peixes (hoje em extinção): como a nhandipapo, a pacapeúva, a sipotuá; a ave japocani, quase do tamanho de uma galinha e o taguato, pequeno pássaro, de peito branco e costas pretas. Os peixes piraguajura, jurupendém e ximburé...

Numa das visitas de jesuitas para carmelitas, um dos padres levantou os olhos acima da mata de troncos da caraná, ao céu, e enigmático profetizou no meio deles:

—Daqui trezentos anos, um de nós voltará para esta região, de folha, raiz, tronco e cipó. Formiga-de-fogo, motuca e aranha, mas também da jabuticaba, da fruta-do-conde, da graúna e da gabiroba. E aqui, exatamente neste lugar pouco habitado hoje, juntará muita gente! Produzirá enorme concentração de Romeiros da Fé!...Milhares de pessoas se aglomerarão, em ajuntamento jamais visto, chamando a atenção de todo o país...

GUAIANÁ

—Em boca fechada não entra poeira, nem sai besteira...

Comentou consigo mesmo o caminhante, Pirá-Iurú (Boca-de-Peixe, em tupi), secamente. Prometendo não mais reclamar. Nem com o esturro da onça ao longe, que parecia lhe perseguir. Cortou um pedaço do cipó-dágua, também conhecido como cipó-de-caçador e matou a sede.

Chapéu desabado sobre cabelos revoltos, barba crescida, lenço no pescoço e suando em bicas ao continuar penetrando a picada tortuosa debaixo de timburis e cangeranas. Rápido, fuçando feito queixada ou caetitu.

Pretendia chegar até o rancho do amigo Picassú. (Pombo em **nheengatu**). Antes que fosse tarde...

Mostrava, na firmeza do traço de índio guaianá, energia e tenacidade indomáveis. Bando de maracanãs gritavam no alto. A araponga martelava ao longe enquanto cigarras e grilos procuravam atrapalhar o silêncio.

Nas beiradas, árvores maiores ainda, gigantescas de jequitibás, como sentinelas lado a lado, por toda a imensidão da mataria virgem. Quilômetros e quilômetros de enormes cabreúvas. Cedros seculares, guarantãs, paus-marfim. Selva quase impenetrável naquele tempo.

O viajante, um bugre da tribo dos primeiros habitantes da região. Dos poucos que ainda existiam espalhados por ali, trôpegos e esfarrapados, no meio de capixinguis e guapuruvus. E toda uma casta de flora tropical maravilhosa. Protetora do macaco-prego, do veado-campeiro, do cágado, do quati e do lagarto. Sem contar das águas, moradias de matrinchãs e barbados...

Ao longe ouviu-se o soturno cantar do uru. Passarinhos miúdos como bicudos e tico-ticos vasculhavam ramos baixos, enquanto o sem-fim tristemente assobiava na perobeira. Cachos avermelhados de bromélias, pendiam da forquilha da guaraiúva, do enredado da copa e dos grossos cipós desdobrados em curvas, balançando como serpentes.

A maneira que o caminhante varava léguas parecendo sem fim, o calor de torrar aumentava e o ar fresco desaparecia da mata impregnada de emanações vegetais. Troncos derrubados pelos raios no sertão inóspito. Folhas e frutos caídos, bacuris, inajás, ábius, marajás, bacabas e mucajás, se perdendo nos imensos gramados apodrecidos pela humidade. Raizes e cipós...

Colibris enchiam o espaço e o tuiuiú voava com graça e eficiência. Só era desajeitado no chão.

—**Dominus iluminatio mea!** (O Senhor é a minha luz!)...

Exclamou em latin o nativo Pirá-Iurú, roupa úmida de orvalho, preocupado. Relembrando ensinamentos dos jesuitas, que ficaram na sua cabeça. A ararinha-azul vôou para o alto da sucupira. Finalmente, cachorros latiram no fim da picada, com rastro de onça em destaque. Em frente da porteira de varas, provocando o vôo pesado de um jacu e após posição de estanque e descanso ao mesmo tempo, ouviu-se o clássico chamado: —Ó de casa!...

A cachorrada aumentou o ruido, acuando. Barulho que foi interrompido por voz fraca vindo de dentro do rancho do guaianá (significa manso, pacato):

—Passa! Volta! Chô, cachorro!...É casa de bem. Se chegue, compadre...

—Boas tardes! Eu sei amigo Picassú, o quanto sou bem recebido...

O viajante cansado, despresou a cadeira tecida de palha, oferecida, perto da foice, do machado e atirou-se sobre o jirau coberto de palmas, a guisa de cama. Observando o morador de rosto vincado, barbas brancas até o peito e cabeleira grisalha, que acocorava-se junto ao tronco da ramalhuda gameleira. Magro e branco ao extremo, parecia mais um palmito descascado. Custou para Picassú entreabrir as pálpebras, quanto mais a boca:

—Assustado de me ver assim? Envelheci neste matão de Deus me livre; com esta vida escangalhada. Sempre em luta, contra intrigas e covardias. Perseguições, fugas e ferimentos a bala. Nesta barreira infindável de troncos, tento vencer o cansaço que me domina...

Mexia na **tuiuca**, barro para fabricar pote. Com o pé mal calçado com o que outrora fôra bota, tentou atiçar o fogo tão moribundo quanto ele. O que pôde oferecer ao visitante, depois da água fresca da moringa, foi passoca com lombo de paca no fumeiro. Guardada na casca do tatu-bola. Um ou outro fruto: patauá, açai, tucumã. Escasseavam-se os mantimentos e esvaia-se a coragem...

O nativo barbudo e mulambento como um bugio, mostrava-se extenuado. Quase desaparecendo o último guaianá morando por ali. Restavam apenas um ou outro grupo, mais afastado nas matas de macaúbas e jacareúbas.

—Mataram meu único burro de carga...Foram os brancos, que não querem mais a gente, na nossa própria terra...Vamos todos virar Pirá-Tapuia (Gente-Peixe)...

Lamentou-se o nativo guaianá com o outro da mesma raça, enquanto endireitava os tições alteando as labaredas. Prosseguindo no rosário de lamentações:

—Restaram-me apenas estes dois cachorros bernentos e magricelas. Assim mesmo a suçuarana está farejando, tentando acabar com eles...Tenho que ficar atento... — Queixou-se com aflição, Picassú.

Perdizes piavam aflautadas, pelos vastos campos. Bando de garças erguia vôo, como revoada de pãina alvíssima, levada pelo vento.

A tarde caia tristonhamente. Sem curiango. Nem urú a soltar seu pio plangente. O visitante olhou desolado para a barranca do rio Anhembi (hoje, Tietê), apenas veados matavam a sede no bebedouro. Onde estavam os pequenos nativos que nadavam como peixes, cortando rápido, para a outra margem? O que viu foi dois corpos de adultos, inchados, boiando no meio da corrente, a rolar rio abaixo que logo desapareceu na curva...

Um velho burro pelado e abandonado tanto quanto seu dono, quase mergulhava o focinho na água para comer o capim coberto pela cheia. Único alimento.

Uma dor aguda apunhalava o nativo ante a colônia abandonada. O mato invadira o pátio da aldeia. Destelharam-se as malocas, apodreceram o madeiramento, ruiram paredes de taipa, ficando apenas vagos vestígios do passado. No meio de caapomongas e cedros-vermelhos. Nada mais que cogumelos, gafanhotos verdes que viviam nas pastagens e escuros grilos que habitavam os restolhos.

Quantos na região, como eles ainda restavam, revoltados, como pensativos jaburus aos pares, entornando garrafões de cachaça? Mulheres apavoradas, berrando como estridentes siriemas enquanto se escondiam de invasores?...Parecia que o índio guaianá, único bugre existente em terras que no futuro seria Poá, estava esperando o compadre Pirá-Iurú chegar no rancho, para dar o último suspiro. Na hora em que a neblina em grandes focos, parava sobre o tranquilo rio de piaus e surubins; pintados, fidalgos e jurupocas.

Não teve sequer tempo para pedir proteção a Tupã, o primeiro deus nacional. Quanto mais se revoltar com o demônio Jurupari. Início dos mitos, lendas e crendices que iriam se espalhar por terras indígenas, sem fim...

Muito menos para despedidas entre amigos...

O visitante cavou na terra areenta da margem do rio uma cova de bom tamanho. Forrou-a com ramos de palmeira carandá e arrastou para dentro o corpo do amigo Picassú. Só aí usou a língua-mãe do guaianá. Fez uma breve oração em **nheeengatu**, um braço do tupi.

Depois de comeu um mexido de ovos de lagarto e farinha-dágua, deitou-se na rede, aproveitando o silêncio daquela natureza parada no tempo. Com vagalumes e morcegos no rancho de barro, rústica casota de pau-a-pique tendo como cobertura folhas de palmeiras indaiá, pindoba e até capim-redondo. Cercado do caranã e do jupati, que davam a fibra. Do ubuçu e do obiú, fornecedores da palha, no auxílio às construções da aldeia.

Descansou pouco, não conseguiu pegar sequer no mais leve sono, devido a um ardor na pele produzido pelos "anzóis do diabo". Os largos espinhos da iuruparipina, de ação venenosa. E quando a luz colocou aleluia de cores na paisagem, a madrugada coava résteas esbranquiçadas pelos buracos mal tapados da rústica moradia, partiu.

No exato momento em que a capivara preparava-se para brincar no rio, com seus filhotes já permanecendo sob o aguapê, com o focinho de fora. Na frente de alegres doninhas. E da brincalhona ariranha parecendo gato enfurecido, tanto o barulho que fazia nas águas revoltas...

FONTE DOS MILAGRES

O dia mal despontava, tingindo de vermelho o horizonte, até ir clareando num reboliço de luz, e bandos de baitacas já promoviam insurdecedora algazarra. Jaguatiricas sondavam em busca de inhambus e macucos. No rio Anhembi (Tietê), dourados, piracanjubas e curimbatás faiscavam, rabanando à tona.

O casal de carcarás procurou o alto do jequitibá, depois de abandonar a forquilha decepada, um galho do goimbê derrubado. E o trabalho prosseguia. A mata-virgem rasgava-se à violência dos golpes dos machados, desferidos pelos pioneiros. Tempo em que havia as aves desaparecidas, nhendaias, juirivas e sabiacis. Os peixes piraguaxiáras, saupes, suruvis e os frutos uracruparis...

A derrubada cessava o canto das aves. Enquanto outros cuidavam da tranqueira de galhos e troncos empilhados à beira da mata.

Caça por todo lado. Da cutia assada a carne branca do lagarto. Aves e peixes em abundância. Frutos, palmito e mel completavam a alimentação no paraíso terrestre...

Jacutingas assobiavam na pradaria, matas fechadas e chapadões. Sapos e rãs em ensurdecedor barulho, pareciam bater latas sem parar nos pântanos e áreas alagadas. As águas das lagoas, ficavam tomadas por plantas aquáticas: aguapês, açucenas-branca, taboas e mururés. Nas planícies sem fim, um solitário ipê, no meio de capim verde de folhas ásperas, alguns atoleiros. Tufos de barba-de-bode e o cortante jaraguá. Frutas-do-lobo, ariticuns e gabirobas. Pequeno cafesal de folhas verde-escuras, para o gasto. Roças de feijão e milho, encravadas na mataria. Poucas laranjeiras e limeiras.

Um pé de uvaia, um de cambuci. Simples mamoeiro, altivamente espetado na paisagem, no trecho de cana caiana amarelando entre emaranhado de aboboreiras e mogangueiros. Marcavam a moradia.

As cercas rodeando o rancho desapareciam sob joás e melõezinhos de São Caetano, além de cachos em flor do cipó de São João. Chegando até a porteira, no tronco da figueira branca. A horta com batata cará, couve e pimenta.

De dentro da casa, ao som do pontilhado da viola, executado pelo caboclo, a figura da jovem remanescente guaianá, surge inesperadamente. Trajando vestido cor de rosa vivo. Traços fortes, olhos rasgados, cabelos aparados pelos ombros. Corpo roliço, pele amorenada. Pernas bem torneadas e seios rijos. Palpitante de vigorosa mocidade nas curvas felinas.

Gingando amplos quadris no trato do filho ainda pequeno. No andar, a nativa ergue o busto firme. O colo exibe a cruz, dependurada no pescoço. Mostrando, ter noção de cristianismo, que em eras passadas os jesuitas ministraram. Espantando pombas picaçurovas e pairaris.

Machados continuam abrindo claros na floresta, esmigalhando na queda infinidade de arbustos, terminando com o grito dos caboclos derrubadores, repercutindo como trovões ameaçadores. Assustando as aves guarapongas...

Destruiam a muralha verde protetora da natureza. Expondo o ouriço-preto, o mono, o guariba, o cuxiú-de-nariz branco e demais animais que ali se escondiam. E com ela vinham abaixo, ninhos de guarataiacus e guaraputepocas (extintas, como as aves acima), os cedros, mognos, paus-marfim (hoje só usados para móveis finos), para transformar-se em simples taboas. Vigas e caibros. Ripas para construção...

Ao lado da moradia feliz, a mini-cachoeira, a Fonte dos Milagres. Jorrando em abundância o precioso liquido. A melhor água das três Américas, para alegria da comunidade pioneira poaense.

Chamada de Fonte dos Milagres porque havia curado um pajé guaianá, que sem se alimentar com nada sólido durante um mês, só bebeu água dali...

Esta, a imagem da Fonte Áurea, cercada de melancieiras e palmeiras açai, há quase 400 anos atrás. Antes de saberem das excelentes qualidades de sua água radioativa. Eficiente contra moléstias gastro-intestinais e hepáticas. Males das vias urinárias, além de indicada na cura de doenças reumáticas e mesmo da pele.

O grito da zabelê e as chorosas notas do bacurau cruzaram os ares, antes que a noite chegasse...

Mulher e homem tupi. Aborígenes que Pedro Álvares Cabral encontrou na Terra de Santa Cruz, há 500 anos atrás. 20 000 dos nossos vocabulários, têm origem tupi.

Língua comum às populações nativas. Graças ao idioma deles, hoje falamos pindaíba, pixaim, jururu, quati, beiju, gibóia, cutia. Ananás (abacaxi), puçá (rede), carapanã (mosquito).

O POAENSE

Vivia alí desde os tempos de sertão bravio, do pau-marfim e da canela. De mataria secular contornando as correntes do caudaloso Anhembi (depois Tietê), por onde já havia passado todo tipo de gente paulista.

Dos pacíficos nativos, índios guaianases a enérgicos e lutadores Bandeirantes alargando fronteiras. Dos caboclos dando combate às onças, aos pioneiros no incansável trabalho de levantar seu lugarejo. Roceiros, pescadores, boiadeiros, tropeiros. Primitivos, religiosos, valentes, generosos, violentos, resistentes, supersticiosos. Mostrados em alegres enredos leves e amenos da vida rural ou vivendo dramas dolorosos nas fechadas matas.

Ouvindo mentiras e bravatas de pescadores e lenhadores enfrentando “Lobisomens”, “Mulas-sem-cabeça”, “Saci-pererês”. Contadas nas beiras do grande rio de pacus e pacu-pebas; de pirapitangas e matrinchãs, e estradas poaenses guarnecidas por perobas e andirobas.

Transbordando de humorismo, entre um ou outro trago de aguardente, pitada do cigarrão de palha, esperando ficar pronto o feijão de caldo grosso. O arroz solto, a farinha de milho torrada, o lombo assado de paca. Palmito, mel. Ao som do plangente ponteado da viola. Apesar de toda miséria e desventura, que assediavam os homens do interior paulista.

Participando da finíssima aquarela. Uma cantoria aqui, em noite de lua cheia, para a guapa mestiça. Dolorida trova de amor. Acolá, uma luta para levantar seu rancho, formar um ninho em meio da dureza da paisagem selvagem, embora colorida.

Na manhã desabrochando em luzer fortes, pintando o arvoredo frutífero da manga e do abacate, uma passada ainda que rápida pelo oratório.

Em seguida, os “causos”, logo cedo, indo ao trabalho, após um naco de pão caseiro, canecada de café ralo adoçado com rapadura. Alguns trágicos, apesar da imaginação e inteligência ao narrar. Outros deliciosos nas suas minúcias, contados com habilidade e virtuosismo talento. Irônicos, repassados de suave ingenuidade.

Indiferente, seguindo as regras da natureza, o tamanduá nas imediações, procurava incessantemente formigas e cupins. O camaleão-papavento, tomava as cores exatas do ambiente transformando-se em aparente galho. E assim se resguardava do perigo nas florestas poaenses de imbuias, sucupiras, marupãs, guariúbas...

FRANGO DE JACÁ

—Viemos de Itaquá, é verdade. Mas logo mais, o povo daquelas bandas se quiser ir para São Paulo por estrada de ferro terá que vir até Poá!...

Desabafava em 1890, enquanto fazia seu caprichado cigarro de palha, o bairrista proprietário de terras coronel Quinzinho, com seu empregado o Broa, gordo, baixinho, cara redonda. Lustroso e corado como pão doce de vitrine.

—A pé, de cavalo ou charrete, mas aqui, patrão! — Confirmou o agregado manguaceiro suando e acrescentando mais. —Nós que temos pouca coisa para fazer fora o trabalho, como caçar e pescar; jogar truco, sem contar tomar cachaça que não conta pois é hábito, vamos além de ver o trem passar, o trem pegar...

O enfesado coronel não gostou do trocadilho infame, torto e manquitola do empregado, mas permaneceu calado semi-deitado na rede, jogava na boca, punhado de farinha-dágua sem errar o alvo. Seu pensando estava longe dali, concentrado no lucro futuro, após o término da estação de Poá...

Mas o malandro do Broa, apesar da galinhada com arroz e farofa, não se distanciava tanto. Permanecia ativo.

Vivo como uma raposa, de olho na filha do patrão. Uma jaguatirica a espreita da esguia e ingênua Tininha, que chegava aos 15 anos. Corpo bem feito, cor de jambo, olhos pestanudos e cabelos ondulados, o fascinava. Principalmente em circulação, com requebro no andar, semelhante ao das ciganas tentadoras que por ali aportavam. Disfarçava pouco os maus instintos. Se tivesse a menor chance, embarcaria com ela rio abaixo, num instante.

Mas babando, se contentava em comer pedaço, quase metade, de um amarelo abacaxi...

Enquanto vários homens, portando cabaças cheias de água pura do rio, espantando com machadadas e barulho infernal o mico-leão-da cara dourada, o tamanduá-bandeira o uacari-da-cabeça preta, derrubavam incessantemente para colocar os trilhos, formosa mata de embaúba, guacá, aroeira-vermelha, manacá-da-serra, pau-de-tamanco, pimenta-de-macaco, bacupari, angelim-doce, eritrina, tarumã-preto, pindaíba, guaçatonga...

Curicacas e jaçanãs, ciganas e pipiras sobrevoavam as copas das formosas quarúbas. A ave tachã em curto som e estridente que alcançava longe, gritou seu nome. Prolongando-o para além da mata de sorveiras a taxizeiros...

O vento espalhava pelas mata, sementes da candeia-do-cerrado, parecendo pequenos papéis de seda voando para todos os lados, disseminando assim a espécie. Cada semente, envolta em delicado e caprichado pergaminho...

A construção em Poá, vinha de longa data. Em 1877, o local permanecia quase que despovoado e moradores das redondezas já solicitavam a instalação de uma estação de trem intermediária entre Lageado (Guaianazes) e Mogi das Cruzes. A reivindicação partia de povos das paróquias de Nossa Senhora da Ajuda de Itaquaquecetuba e Nosso Senhor Bom Jesus do Arujá, num ofício dirigido a Câmara de Mogi das Cruzes, nesse ano.

O projeto seria interessante dada a localização junto as cidades de Itaquaquecetuba, Arujá e Santa Isabel, em função de facilitar o escoamento de produtos agrícolas de toda a região para a capital.

Que uma vez concluido o plano, passariam a ser transportados de trem.

E 1885, um trem fazia paradas nas seguintes estações: Norte (Brás), Penha, Lageado, Mogi das Cruzes, Guararema, Jacarei, São José dos Campos, Caçapava, Pindamonhagaba, Roseira, Aparecida, Guaratinguetá, Lorena, Cachoeira, Cruzeiro e Queluz.

Mas já em 1889, uma semana após o advento da República, a 22 de novembro, o governo provisório mudou o nome da Estrada de Ferro D. Pedro II, para Estrada de Ferro Central do Brasil, e através de um decreto federal, foi autorizado além do ajuste de bitola, aumento também na rede.

Enfim grandes modificações na sua estrutura, como importante meio de transporte paulista que era.

Para desespero de saguis-da-serra e saguis-piranga, cervos-do-pantanal e veados-campeiros, cujos **habitats** seriam prejudicados com o progresso...

O cachorro perdido, esquecido na mata por caçadores, encontrara um rancho tão abandonado quanto ele. E dali, coçando-se insistentemente, com as moscas voando em torno, contemplava o sol que brilhava lá fora.

O urubu que se empoleirara no tronco do jacarandá ensaiou o primeiro bater de asas.

Ergueu-se um pouco mais, ajeitou e remexeu o desajeitado corpo. Logo, no primeiro impulso, já deixava o vento levá-lo em direção à fechada floresta das imbaúbas...

Um sabiá rompeu no ipê da capoeira o seu canto saudoso. Sanhaços pulavam pelas fruteiras e enorme borboleta azul boiava em ziguezagues. O sol dourando a poeira do caminho, batia de chapa no rosto do suarento Broa louco para tomar umas e outras. Caminhando a custo atrás do coronel Quinzinho, confortavelmente a cavalo.

Moscas insistentes perseguiam o baixinho capataz de cara redonda, a pisar folhas apodrecidas. Sorte, que ele pensava na Tininha...Fonte que refrescava sua alma...Alento e bálsamo para sua dor...

O patrão resolveu dar uma parada na chiboca e mal desmontou, soltou grito egoista, quase que da rua:

—Caninha para um!...

—Para mim um mata-bicho dobrado...

Emendou Broa de bochecha lustrosa, refazendo o pedido mal educado do patrão. Após a caminhada sob escaldante sol seu rosto sardento e aceso, seria uma goiaba temporona não fosse a barbicha rala. Sem perda de tempo o caixeiro surgiu com bandeja, garrafa e os meio-copos.

Cantigas e risadas se misturavam. Os dois sentaram-se perto de dois caboclos que barulhentamente jogavam baralho. O capataz esfregou as mãos calosas antes de beber, enquanto o coronel Quinzinho calmamente sacava do bolso de trás da calça, uma cabeça inteira de palha e colocou-a sobre a mesa. Cortou e esticou uma delas, deixou afrouxar o fumo picado e enrolou. Bateu o isqueiro de pedra, puxou três fumaçadas e acertou com a unha do polegar o fogo do cigarrão...

Enquanto o Broa transpirando, e ressabiado a cada parada do patrão, pedia outra birita dupla:

—Um martelo da pura, no capricho...Acima do risco...

Conversar sobre assombrações com o velho ele não se atreveria. Nem sobre a "Chibamba", que aparecia vestida com folhas de bananeira, dançando e rodando lentamente. Amedrontando crianças choronas. Ou mesmo, o "Chibungo", meio homem e meio animal; cabeça grande e boca nas costas que ia abrindo e fechando conforme o fantasma se abaixava ou levantava a cabeça. Engolia crianças e aparecia às vezes, na forma de cachorrão ou macaco peludo. A "Pisadeira" então nem convinha mesmo citar. Personagem que em Poá, costumava se sentar na boca do estômago de quem dormia de costas. Tinha a forma de mulher grande, de saia comprida e pés redondos.

Será que o patrão iria acreditar?...

Preocupado e assustado, Broa parecia dançar na cadeira. Teria o patrão desconfiado do seu interesse pela formosa Tininha, e provocado aquela parada? Era chegado o momento do enfrentamento?...Comentou consigo:

—Bom de briga, é aquele que cai fora...

Olhou para a rua afim de disfarçar sua apreensão. Um carro de bois de três juntas, passava roncando suas rodas, carregando troncos de quariúbas, urucunas, copaíbas e marupás, além de material para a feitura da estação. Engenheiros corriam de um lado para outro, orientando topógrafos, fazendo levantamentos e cálculos. Trabalhadores braçais, suor escorrendo pelo rosto, lutavam contra mosquitos.

Além da praga dos insetos na derrubada da mata de pinhas-do-brejo, canafístulas, patas-de-vaca, guaperês e o intenso calor, não havia fartura de água no trecho, distante de qualquer poço. Dentro de tremenda escassez de equipamentos na época.

Sem moto-serra. No machado, auxiliado por foice e facão. Não havendo motor de explosão não existia caminhão, não tinha escavadeira, muito menos trator. Tudo era executado no puro enxadão, na pá e picareta, auxiliados por carroças. E se possível desviando de morros. Suprimentos essenciais a saúde, nem pensar.

Desde a organização do projeto, a exploração do terreno a ser ocupado, o levantamento de plantas, movimento de terra com cortes e aterros e colocações de trilhos e dormentes sempre nas mais difíceis condições de trabalho. E pela estrada precária de terra batida, e mesmo em batelões e canoas pelo rio Tietê, onde passeavam agitadas tambaquis e jaturamas, chegava o material necessário. Até que as obras fossem concluidas com o levantamento do prédio da estação, chegando locomotivas, os vagões e o importante telégrafo...

Ajeitando-se na cadeira da ensebada chiboca, o coronel Quinzinho tomou um gole, estalou a língua, endireitou o cigarro novamente, mandou mais um trago e dirigiu-se ao capataz com autoridade:

—Chega de prosa e bebida...

Broa estremeceu na base. De vermelho embranqueceu, enquanto o patrão prosseguiu:

—Vamos embora, que amanhã é dia de malhar feijão...

O empregado sorriu aliviado e a passos indecisos seguiu o cavalo em marcha lenta...

—Velho com mulher nova, quer chifre ou cova...

Sob o céu sem nuvens, o gavião piava, perseguido por tesouras que não lhe davam tréguas, agitando-se no ar. O sol batia na plumagem do imponente pássaro destacando sua cor de ferrugem. Além de dourar a poeira levantada no caminho, pelo cavalo do coronel resmungão, no exato momento em que um caboclo levou a mão ao chapéu e descobriu-se respeitosamente ao cumprimentá-lo.

Como não podia deixar de acontecer, o pobre do Broa suando em bicas, fazia enorme esforço para acompanhar o trotear do animal do patrão e desviar da água lodosa surgindo do regato lamacento repleto de sanguessugas, que acompanhava o leito carroçável...

Finalmente havia chegado o fim da tarefa.

Após derrubada de trecho de mata vigorosa local, composta de floresta de tarumã, opê-de-flor verde, coronha, aroerinha, canudo-de-pito e outras preciosidades da flora, escavação, planar o terreno, cuidar do assentamento provisório dos trilhos sobre a estiva de galharia, para a passagem do trem de lastro, os trabalhadores voltaram às improvisadas barracas de lonas, onde dormiam praticamente no chão. Mas com um consolo. Seria a última noite.

No dia 11 de abril de 1891, logo cedo começou o foguetório e das casas saiam gritos de contentamento! Finalmente iriam inaugurar a estação ferroviária de Poá...

Na forma de simplória plataforma de embarque e desembarque, é verdade. Mas, uma realidade. O prédio pequeno e de tijolo, com área de 55 metros quadrados, plataforma cimentada e coberta com zinco. Descrita como de quinta categoria. Para seu primeiro agente foi destacado Manoel Constantino de Almeida...

—A partir de agora, o povoamento será mais rápido...Do centro ao Tucunduva...

Garantiu o coronel Quinzinho consertando o cigarrão e a proteger-se do sol debaixo de cambuis e taiobas, para seu ajudante de ordens, o rosado Broa que coçava a barbicha. O patrão descobrira seu amor secreto?

(Em 1899, afim de incrementar o comércio em Mogi das Cruzes, os cidadãos Joaquim de Melo Freire, João Batista Moreira da Glória, Marcelino Paiva e Emilio Navajas, conseguiram da direção da ferrovia o funcionamento de um trem especial entre Mogi das Cruzes e São Paulo, parando inclusive em Poá. Mas, foi somente em 1911, que o prefeito de Mogi Das Cruzes, Manoel

Alves dos Anjos, conseguiu o funcionamento regular do trem de subúrbio, pois até então, a circulação interrompida constantemente não podia ser confiável.

Em 1913 a Estrada de Ferro Central do Brasil, colocava em circulação quatro unidades em funcionamento sendo cada uma com quatro vagões: dois de primeira classe e dois de segunda. Os horários eram 8, 12 e 16 horas. Dali por diante, o termo "Poá - Estação da E.F.C.B." passou a ser utilizado nos correios, em documentos oficiais, impressos, jornais etc...)

Sessados os fogos e a barulheira infernal pela comemoração, justa homenagem na inauguração da estação ferroviária de Poá, um trem ia partir para São Paulo levando as moças portando cestas de jenipapos, mangabas, coroas-de-frade e araticuns-do-campo, que vieram para enfeitar os festejos.

Na hora em que o coronel Quinzinho, ao ouvir o relógio de corda, da varanda, assobiar e bater as horas, lentamente esvaziar seu copo, mandou Broa trabalhar.

Com ordens expressas de preparar o carroção, que o patrão iria para a capital. Com família e tudo mais...

Ao longe o jaó piava e o lobo-guará uivava. O patrão permanecia despreocupado, junto da janela de grade que dava para o engenho de cana, limpando e lubrificando a espingarda de carregar pela boca.

—Mulher, traga mais bebida! Não confio nesse tal de trem...—Baixou o tom, até murmurar com voz rouca.

Enquanto Broa havia deixado o rancho cheio de arreios, couros, armas e sapiquás onde morava, na mata de paxiúbas e bucús, conseguindo para isso, a tapas, antes se livrar das abelhas-de-suor que o atacaram. Nada de perigoso. Desprovidas de ferrão elas se entroduziam por entre os cabelos, por baixo da roupa, penetrando até pelo naris e ouvidos...

Devido a luta, custou para chegar na casa grande, quando o patrão, arma abandonada num canto, panos e óleo de limpeza, jogados, descansava quase dormindo. Seus olhos permaneciam semi-abertos apenas porque estavam atraídos pelo belo vôo do gavião casaco-de-couro. Hábil caçador de rãs que habitavam os banhados...

O empregado chegou suando como sempre e afobado mais ainda...Nem um cumprimento seco, através de simples aceno com a cabeça. Entrou de sola:

—Mas, coronel e o trem?... O senhor não vai usar?...

Nem esperou a resposta. Pois sabia que de onde sairia, chegaria na forma de ofensa ou no mínimo palavra áspera. Não hesitou. Cravando-lhe os olhos fuzilantes, o fiel capataz que por muito tempo tentara conquistar o coração e na véspera havia levado um fora tremendo da bem feitinha Tininha, sua ararinha-azul, querida pombarola, perdeu o medo e o respeito pelo patrão. Com o risco de ver ir embora também o emprego. Largou o coronel Quinzinho sozinho, cruzou os braços e com a cara cheia de cachaça gritou na frente dele e demais presentes:

—Ora vejam só, se vou mais arreiar cavalo em carroção a fim de alguém ir para São Paulo! Sabe como chamam isso na minha terra? Frango de jacá! Ele fica tanto tempo aprisionado e apertado no pátio da estação, que quando é libertado corre para a mesma prisão onde estava...

Diante do atrevimento, caiu profundo silêncio e aumentou ainda mais o calor reinante. Nem refrescado pelo soprar de vento que trazia da mata, ondas de neblina se dispersando na distância.

SALVO PELO TALENTO

No princípio de sua formação, Poá via-se em constante decadência populacional, o mesmo acontecendo com as regiões vizinhas. Suprimiu-se através de decreto em 1832, o Distrito de Itaquaquecetuba, a quem Poá pertencia. mesmo assim, e diante do despovoamento característico da formação brasileira em geral, Poá voltou a ser distrito de Itaquaquecetuba através de decreto que a reintegrou em 28 de fevereiro de 1838, ficando assim por mais de 80 anos.

Em 1891, quando foi inaugurada a estação Ferroviária de Poá, poucos eram os moradores na cidade entre os quais as famílias de José Boinn, João José de

Godoy, Paulo Augusto de Miranda, Antonio Alves, Narciso Lucarini, Jorge Tomé e outras...

Em 1897, o português, capitão da Guarda Nacional, Francisco Ignácio da Silva, casado com Júlia Pita da Silva, chegou no povoamento e pode constatar que naquela data existiam no centro, apenas 7 casas residenciais. Outro tanto espalhado, sempre em pequena escala, em torno da estação e adjacências. Observando que ali muita coisa deveria ser feita, passou a promover benfeitorias. Inicialmente pelas ruas. Abrindo umas e concluindo outras, tais como as denominadas Dom Pedro I, Joaquim Nabuco, Gago Coutinho, Sacadura Cabral, Barão do Rio Branco, Prudente de Morais, 15 de novembro etc...

Poá de tanta gente boa! Que foi crescendo sem parar, a maneira que outros mais foram chegando com o passar dos anos!

Famílias, Amado, Garcia, Balboni, Ladeira, Veronesi, Espírito Santo, Jamicelli, De Camillis, Regato, Viana, Zellite, Varrente, Perracini, Gloeden, Cebrian, Novazzi. Do João Pecny ao João Romero e João Pereli. Do Vicente Guida ao Vicente Moliterno. Manuel Pinto da Fonseca, Agapito Árias, Enéas Pinto, a Miguel Saad e Pedro Latuf. De Natale Mazziero a Almeida Monteiro.

Do Sebastião Ferreira dos Santos. De Armando Rossi a João de Paula, o "Setenta" e Carlos Pichi, o "Guigo". Do Francisco Ribas ao José Valério. Do Manuel Bueno ao Antônio Balazaima. Do João Felipe ao Paulo Augusto Miranda. Lourenço Paganucci, Alves Carvalho, Marcondes do Amaral, Simões, Correa, Marsulo, Peres, Leandro, Santarelli, Albuquerque, Assis da Silva, Piloto, Fernandes, Faria, Matias do Nascimento, Justiniano Viana e outros nomes. Sendo impossível numerá-los todos...

Vivendo entre gurijubas e piramutabas, jejus e caratais, pescados, enredados e tarrafeados, apenas um não fazia questão de sobrenome.

Nem seu nome conheciam. Só o apelido, do grande malandro e mentiroso, surgia vez ou outra na delegacia. Não era mau sujeito, mas quando cismava...

O crioulo Tiézinho! Mestre na mentira. Indivíduo atrevido e deslavado cara de pau, que vivia na calada da noite e sorrateiramente, beirando o rio Tietê, em Poá. Bebendo nas xibocas ribeirinhas e promovendo arruaças. As vezes prejudicava amigos. Surrupiando o trabalho dos próprios companheiros. Para desespero de alguns, visitava as redes que os pescadores deixavam armadas...

Um dia, mesmo algemado, que o impedia de separar os braços para mostrar quanto media a traira roubada, Tiézinho, diante do delegado armado até os dentes, não se intimidou.

Munhecas juntas, abriu as duas mãos, e dedos em meia circunferência, exibiu o tamanho de um só dos olhões do peixe...

E acabou sendo libertado, quando contou para a autoridade policial, como certa feita, chegara à beira do Tietê sem poder atravessá-lo.

Explicando que tentara de tudo, em vão.

—Não havia um barco sequer amarrado no barranco?

Perguntou o policial.

—Não!

—Nem o menor recurso para construir improvisada ponte?

Insistiu a autoridade.

—Nada! Tampouco podia recuar, pois impedindo a minha volta havia terrível cascavel fitando-me fixamente e já de boca aberta para adiantar o expediente...

—Não tinha uma arma para matá-la?

Reforçou o homem da lei.

—Nenhuma!

—Por que não, atravessar o rio a nado?

Concluiu a autoridade afrouxando o gravata.

—Nem pensar, meu senhor! Seria suicídio na certa, pois não sei nadar....

—Então como você fez?

Indagou o delegado curioso e cheio de apreensão.

—Esperei a cascavel dar o bote, doutor. Peguei rapidamente esse bote e atravessei o rio...

O RIO E SEUS SEGREDOS

—Abra a porta Juracir, que o menino quer sair...

Para que a mãe não sofresse muito no primeiro parto, o marido teria que agir assim. De cócoras num canto do rancho, o caboclo prosseguia com a oração, recomendada por Talísia. Curandeira e cartomante para uns e até feiticeira para outros. Parteira-da-roça, para todos. Os pescadores alegavam que ela sabia tudo do ramo. Além de preparar remédios contra olho-gordo, inveja, mau-olhado, cobiça. Que ainda exagerando reforçava nas recomendações:

—Se a criança não receber batismo até o sétimo dia, vira morcego, e em noite alta vem chupar os peitos da mãe...

A vidente Talísia (diziam alguns ser corruptela de Tia Alísia), que erroneamente em Poá chamavam de cartomante cigana, não pegava na mão das pessoas e muito menos era cigana. Bastava olhar as águas do Tietê, antigo leito de jandiás e camorins, tamboatás e pirapitingas, passando, para concentrada, a mulher de pequena estatura, cabocla nascida no Vale do Paraíba, que possuia a extraordinária faculdade de visão sobrenatural, ir revelando o futuro e os segredos ocultos.

Também acusada de curandeira. Além de ser chamada de médica-da-roça. Volta e meia receitando jutaí, urtiga-branca e paricá. Folhas de tarumazeiro e as amargas curapanaúbas no combate as febres. Plantas do selvagem laboratório, farmacologia das matas, da qual faziam parte angelim, urucu, pinhão- branco, ipecacuanha, jaborandi, caraguá e outras ervas medicinais salvadoras da humanidade, que conhecia não se sabia como.

Na fila de consulentes, ao atender a próxima pessoa foi franca, como sempre, fazendo a moça ficar corada:

—Quando a noiva estiver desconfiada dos propósitos do noivo, como você está, minha filha, deve agir da seguinte maneira. Dar violenta surra na estátua de Santo Antonio, pedindo-lhe em seguida perdão pelo gesto extremo. Depois colocá-lo no coador e passar um café caprichado. Imediatamente o noivo volta bonzinho e com a melhor das intenções. E mais grudado, que carrapato em rabo de boi magro...

Sentada na porta do seu rancho na beira do rio, a baixinha paranormal descreveu as cenas com detalhes:

—Em breve esta terra chamada de Poá, será definitivamente demarcada. Suas divisas delineadas com precisão. Principiará neste rio, onde deságua o córrego Aracaré. Desse ponto, seguirá até encontrar a quinta rua, que principia na estrada que vai de Poá à Capela (Itaquaquecetuba). Seguirá por esta quinta rua até encontrar a Água do Rosário, que faz divisa com as terras de São Paulo, até o ribeirão Guaió. Descerá por este, até encontrar o ponto onde deságua o córrego Aracaré, onde tivera começo. Por entre troncos de acapús e copaíbas...

Divisa que já tinha sido assim:

"Principia em uma pedra que está no rio Tietê, onde desagua o córrego denominado Benedito Licídio, sobe por este até a sua nascente. Dai segue até a Água do Rosário, que faz divisa com o munícipio de São Paulo. Segue dividindo com o mesmo município, até encontrar o ribeirão Guaió. Por este abaixo até encontrar o rio Tietê, desce por ele até encontrar a dita pedra e córrego, onde tiveram começo estas divisas"...

Um problema secular.

A questão de divisas de Poá vinha de longe, e já fôra motivo de disputa entre as Câmaras de Mogi das Cruzes e São Paulo. Os legisladores da época sempre esbarravam em impecilhos que dificultavam com clareza quanto a essa definição.

Em março de 1865, porém, o presidente da Província de São Paulo, João Crispiniano Soares sancionou a lei número 763, de 18 de março de 1865, dando o primeiro passo para delimitar o núcleo do povoamento, oficializando as divisas de Poá, que pertencia ao distrito de Itaquaquecetuba, no município de Mogi das Cruzes, com Itaim, distrito da Penha de França, na capital.

Muito vagamente, ficando a linha divisória da seguinte maneira: "Passa pelo rio Tanquinho acima, ao chegar na Fazenda do Itaim, desce pelo mesmo rio até o rio Três Pontes e deste, termina no rio Tietê"...

A população de Poá se desenvolvia e o povo reclamava a criação de um Distrito Policial, passo político que representava grande progresso para o povoado. E foi com o atuante Sebastião Ferreira dos Santos, que isso aconteceu. Sebastião havia sido sub-delegado em Itaquaquecetuba, e com sua esposa, Benedita de Abreu Santos, fixou residência em Poá, no dia 11 de novembro de 1912. Quando adquiriram algumas casas de Albina Maria de Jesus, local próximo de onde anos mais tarde seria construida a Igreja Matriz.

Para Sebastião Ferreira dos Santos não foi difícil criar uma cadeia pública. Faltava apenas a acomodação e o problema foi resolvido com a doação de uma sala, pelo seu amigo e conterrâneo, o capitão Francisco Ignácio da Silva. Isto feito estava tudo pronto para ascensão à Distrito Policial.

E foi por um ato do então vice-governador da Província, Carlos Augusto Pereira Guimarães, exercendo como interino, que decretou em 22 de outubro de 1913, a criação do Distrito Policial de Poá.

Apesar da criação por decreto, a inauguração do Distrito Policial deu-se somente após o dia 4 de novembro de 1913. Quando houve as nomeações para a Delegacia, ficando constituida: Sub-delegado: Sebastião Ferreira dos Santos. Primeiro suplente: Joaquim Albuquerque e segundo: Antônio Moliterno. Quatro anos depois Sebastião Ferreira dos Santos ainda era delegado, tendo como suplentes Manoel do Espírito Santo. Foram também sub-delegados de Poá posteriormente: Manoel Bueno e major Firmino de Godoy. (Compadre de Sebastião).

A araponga alardeando estrondosamente ao longe, parecia martelar uma lata. Tendo orquestra de aves acompanhando mais de perto, alegrando os ranchos assoalhados de paxiúbas. Que davam frente ao imponente rio e fundo para espessa mata secular...

Após a criação do Distrito Policial de Poá, a próxima escalada foi o Distrito de Paz. E através de um dos moradores, Deocleciano Rodrigues Seixas, diretor interino da Secretaria da Justiça do Estado de São Paulo, com a colaboração de outros pioneiros, conseguiram junto ao governo, que a localidade de Poá, fosse elevada categoria de Distrito de Paz. Desmembrando-se assim, de Itaquaquecetuba, a quem pertencia desde 1838...

Foi por força da lei assinada pelo presidente de São Paulo, Altino Arantes, que a elevação se efetivou legalmente. Levando o número 1674 e sancionada em 3 de dezembro de 1919.

E que delineava também, as divisas do distrito da época. Batendo exatamente com a previsão da vidente ribeirinha Talísia...

A instalação oficial deu-se às 10 horas da manhã do dia 13 de março de 1920, testemunhado por várias autoridades, cujo evento foi muito comentado. Inclusive pelo "Jornal do Comércio de São Paulo":

"O ato revestiu-se de solenidade não comum, tendo a ela assistido o juiz de Direito da Comarca, dr. Antonio Cândido Vieira, o prefeito municipal de Mogi das Cruzes, dr. Deodato Wertheimer (compadre de Sebastião Ferreira dos Santos), o delegado de polícia, dr. Macedo Guimarães, o diretor interino da Secretária da Justiça, dr. Deocleciano Rodrigues Seixas. As autoridades locais, major Firmino de Godoy, sub-delegado de polícia e seus suplentes, Manoel Alves Correia, Manoel do Espírito Santo, Antônio Simões, Manoel Pinto da Fonseca, Marcondes do Amaral, agente da estação da Central do Brasil, Marcondes Filho, acadêmico de Direito, Pedro Camerlato. Luiz de Almeida Monteiro, Herculano Duarte Ribas e demais cidadãos.

Aberta a audiência de instalação pelo Primeiro Juiz de Paz de Poá, Sebastião Ferreira dos Santos, tomou a palavra o dr. Deocleciano Rodrigues Seixas, dizendo que se congratulava com o povo poaense pelo auspiciosos ato de instalação do Distrito de Paz. Felicitou os juizes eleitos e requereu fosse inserido um voto de louvor na ata aos homens que mais se destacaram por dotar a localidade dos aparelhos indispensáveis, a boa distribuição da justiça e a legalização do registro civil de casamentos, nascimentos e óbitos.

Encerrada a audiência, todos foram convidados tomar assento a mesa, onde foi servido magnífico almoço, oferecido pelo Primeiro Juiz de Paz de Poá, Sebastião Ferreira dos Santos".

Segundo o cronista da época, pertencente ao mesmo "Jornal do Comércio de São Paulo", da capital:

"Abrilhantando ainda mais o evento, a encantadora festa, a banda de música, poaense, executou finíssimo trecho de seu repertório"...

Já no entardecer, ouviam-se no bosque ao lado da casa, o martelar do pica-pau e o grito de outras aves, procurando pouso. Havia um forte aroma de jasmim no ar.

Sentados debaixo do galho repleto de flores amarelas da iguaxiguba, ao lado do caramanchão de maracujás-roxos, Sebastião — o pioneiro, ficou calado por alguns minutos, muito sério.

Passou levemente as mãos pelos cabelos e bigode aparado nas pontas, pensando na longa caminhada até ali, e no que viria dali para frente. Olhos fitos no horizonte. Em seguida, ele e esposa, agradeceram aos céus por mais aquele benefício conseguido para Poá...

A suave brisa da tarde varria a floresta vizinha. E o céu foi cobrindo-se de núvens róseas, como a abençoar o casal de benfeitores.

Próximo dali as águas do Tietê corriam calmas, como no "Poema em prosa", de Afonso Schmidt:

"Anhembi refletiu e correu, para longe. Beijou Porto Feliz.

E, sem parar, sumiu na linha do horizonte — a porta do sertão"...

Estação de Poá. E primeira agência do correio de Itaquaquecetuba, criada por Sebastião F. dos Santos, em 1904. Pelas roupas das mulheres, nota-se que os visitantes são os mesmos e não ano 1920, como já publicaram.

A SURPRESA

—Isso é verdade! Duas coisas matam de repente: vento encanado e sogra pela frente...

Disparou autoritário o ex-pescador do rio Tietê, transformado devido ao excesso de bebida, no improvisado filósofo e mendigo de língua ferina: "Camaleão". Cercado de tijela de café e cigarro, aparentava mais idade. O seu viver acidentado escalavrara-o daquele jeito. Alma solta em vagabundeios saudosos pelos fandangos da vida, tinha histórias na sua mocidade, que o caminhante suarento tocando juntas de bois, baldeando mantimentos ou carregando lenha, ao passar, com paciência, poderia ouví-las todas.

"Camaleão" repousava em seu casebre oculto de olhos indiscretos que varejavam a estrada. No catingueiro da chapada. Escondido por um fecho de mato seco, à guisa de cerca e rodeado nos fundos por enorme tufo de pita e limoeiros. O restante mata de pagimiroba e tarumazeiro.

Sua companheira batendo roupa junto ao poço, cantarolava docemente como pintassilgo na gaiola, magoadas trovas de amor. Punha o espírito solto em lamentos. Casada há anos sem esperança de filhos, levava o tempo a mexer pelo rancho rústico. Lavando, cozinhando ou falando sozinha na soleira da porta...

O sol estava alto e o calor torrava.

Cachorros de orelhas bernentas encostavam-se nos troncos do terreiro para latir, enquanto galinhas de asas espalmadas e bicos abertos, escondiam-se pelas guanxumas.

Após caneca de café ralo, "Camaleão" depois de esticar um dos braços e coçar o sovaco, pôs-se a caminho.

Logo já estava na pequena praça de Poá, repleta de quaresmeiras e ipês-tabaco, acompanhado dos vira-latas "Zunha", "Zóio" e "Zorêia". Conversando com os amigos, o Olibório, ex-tangedor de carro de bois de sete juntas; e o macumbeiro "Tição". Como sempre o pedinte reclamando da mãe da mulher com quem vivia.

Silêncio e pasmaceira cansada baixavam sobre o ambiente. Comia de cócoras, arroz, peixe e farofa.

Avistando as irmãs, bonitas, altas e esbeltas jovens italianas Ardísia e Clívia se aproximando, "Camaleão" disfarçou.

Afastou ligeiro o companheiro, os cachorros de estimação, remexendo o samburá mudou a direção e o tom de voz. Cabisbaixo lamuriou:

—Não tenha medo de pobre! Uma esmola pelo amor de Jesus! A caridade é a poupança de Deus...

Uma das jovens, usando faceirice nos modos, debruçou-se. Busto vigoroso acurvado sobre si, seios rijos e trêmulos a palpitarem comprimidos pela blusa de opala, atendeu ao pedido do mendigo. A falta de um botão fechado lhe desvendava, no movimento, o pedaço de céu daquele colo claro. O pescoço longo, o rosto oval de belos traços, cabelos loiros, boca vermelha, dentes alvos e respiração ofegante tão próxima, que quase levantou "Camaleão" do tronco em que sentava. Agradecido mirava o vulto feminino com olhar de boi no matadouro.

A moça ainda sorriu, ao endireitar o corpo esbelto. Espreguiçou-se felinamente, soltando discreto suspiro...

Fazendo juz ao apelido, o antigo pescador e ex-"quarteirão" (inspetor de quarteirão, na época), alterando novamente a postura voltou a atacar na conversa engrenada com o amigo. Antes tirando da bruaca uma garrafa de aguardente. Estalou a língua e gritou: —A água do rio, nunca passa duas vezes pela mesma pedra!...

Enrolou o cigarro, deu uma cusparada de lado, acertou o fogo do "paiero" e tirou três longas fumaçadas, bem puxadas. Olhou a espiral de fumo. Em seguida, coçou o pescoço, coçou a barriga, remexeu-se e receoso diminuiu o barulho dos gritos.

Sem alterar um músculo da face, baixou para algo mais respeitoso ao avistar e cumprimentar "seu" Sebastião, passando em passos largos e decisivos, ar sombrio, portando terno escuro, chapéu e gravata...

Em 1912, Poá era um bairro calmo de Itaquaquecetuba, vivendo em felicidade plena e possuindo aproximadamente vinte casas.

Estando sob a jurisdição do então Distrito de Itaquaquecetuba, tanto judicial quanto policial e política. E o português Sebastião Ferreira dos Santos, na ocasião, um dos chefes políticos mais influentes da região, negociante que já havia em 1904 montado a primeira agência do correio em Itaquaquecetuba, na época com larga visão de homem experiente, previa o progresso, o futuro a que estava destinado o bairro.

O que motivou, nesse mesmo ano, 1912, a sua transferência de residência do centro de Itaquaquecetuba para Poá, onde passou a servir-se da sua influência política, na luta de engrandecer o lugar. Por encontrar-se o bairro naquele tempo, desprovido de qualquer iluminação, Sebastião conseguiu os primeiros lampiões a querozene para a iluminação pública.

No meio de diálogos simples da população, de uma época feliz e distante:

—A franga índia e a carijó estão pondo!...

—Hoje é dia de socar canjica!...

—Vou pedir um milagre ao santo!...

Dando um último "Glória ao Padre", do terço e partindo para o "Salve Rainha"...

—Preciso viajar, será que vai chover?...

Outros discorrendo sobre plantações, animais e carretos. E até mesmo descansando no alpendre, descrevendo perigos:

—Compadre! A suçuarana estava entocada na moita do tabocuçu...Onde trovões morrendo vão se aninhar, naquela curva do rio...

Em 1913, Sebastião conseguiu a substituição desses lampiões à querozene, por outros à carbureto, propiciando melhor iluminação para os moradores.

Na mesma praça onde o mendigo-filósofo "Camaleão" fazia ponto desde longa data, passou a ter outro frequentador assíduo, para prolongados bate-papos: o Benedito. Nomeado por Sebastião Ferreira dos Santos, Benedito José de Faria passou a ser o primeiro fiscal municipal e também o encarregado de acender e apagar os lampeões.

Com as melhorias propiciadas pelo lider português, dos vinte moradores logo o bairro passava para duzentos. E como Poá ainda não possuia uma delegacia de polícia para solução de vários casos que iam surgindo com o progresso, valendo-se mais uma vez de sua influência política, junto ao P. R. P. ao qual era filiado, Sebastião Ferreira dos Santos falou grosso e conseguiu a elevação do bairro de Poá, à distrito policial.

E consequentemente a instalação de sua primeira sub-delegacia de polícia. Da qual ele próprio foi titular, tendo como auxiliares Armindo Dias Ferreira e Lucindo Pereira Jordão. Não deixando nunca esmorecer a fibra de desbravador, o líder Sebastião, famoso por sua vontade férrea de fazer com que Poá viesse a ser grandioso, conseguiu no mesmo ano de 1913, a elevação do bairro a Distrito de Paz.

Na ocasião entregou o cargo de sub-delegado a Manoel do Espírito Santo, optando ele próprio, pelo de Juiz de Paz. Cargo que ocupou por longos anos. Tendo sido nomeado, por indicação de Sebastião, Álvaro da Silveira Moraes, o primeiro Tabelião em Poá.

A tarde morria. Ao longe, urus gargarejavam seu canto profundo nos galhos de cedros e pindaíbas, enquanto os caminhos cercados por touceiras de araçazeiros, que cercavam a praça, ensombreavam-se cada vez mais.

Um inhambu desguaritado piou tristonho, abafando o leve rumor de folhas pisadas. Na arborizada pracinha, enfeitada por imponentes jatobás, aroeiras e tamburis, algumas pessoas acompanhavam o ensaio da banda de música "Lira Poaense", na marcha-dobrado preferida. Quando as figuras encantadoras, de talhes esbeltos e curvas felinas, das jovens irmãs italianas Ardísia e Clívia, se aproximavam no passeio geralmente de manhã e a tardezinha, admirando a cássia-aleluia e a fruta-de-pombo. Em vivas risadas...

—Que foi? Viu passarinho verde?...

A irmã Ardízia enrolou no dedo as rendas da blusa, para responder. Agarrou o pequeno crucifixo. Titubeou, pálida por um momento. Até que as rosas voltaram-lhe imediatamente à face e os olhos faiscaram em relampejos. Depois explodiu com veemência:

—Não posso ficar triste, rodeada de tanta beleza verde e quantidade variada de perfumes de flores...

A primeira passou a reclamar sobre a atenção que a segunda dedicava ao mendigo "Camaleão". Quase sempre em companhia do rezador de profissão e afamado curador, o "Tição" eternamente soltando longas baforadas no cachimbo de barro. O filósofo-mendigo, macambúzio, de cigarro de palha na boca e secura habitual. Outras vezes, esbravejando nervoso como cascavel mexendo o chocalho.

A irmã achava que deviam passar direto. Nada de esmolas, quanto mais cumprimentos...

Recebendo como resposta da que possuia boca mais vermelha e sorriso ultra brejeiro e provocante, a observação com ternura:

—Não devemos, minha irmã, ser humildes com os soberbos. Muito menos, soberbos com humildes...

—As cachaças que eu bebo, todos comentam. Os tombos que levo na vida ninguém vê...

Queixava-se na praça, o mendigo-filósofo "Camaleão" aos folgados amigos, além de "Tição" e Olibório, Alípio e Alcester, violeiros e cantadores de modas que punham olhos compridos sondando o horizonte, atrás de uma catira ou qualquer folia de que ouvissem falar. E o Dárson, um gênio! Poeta tão gordo em lugar pequeno, que chamavam-no de "Multidão".

Reunidos debaixo da pitangueira em flor, cercados de paineiras, carapiás e palmeiras jerivás. Enquanto o sol da manhã dourava os campos. Nuvens brancas, poucas e longínquas, realçavam em destaque o azul infinito...

Lugar não tão pequeno assim. Afinal no ano de 1914, a população do Distrito de Poá, já encontrava-se substancialmente aumentada graças aos melhoramentos levados para lá pelo pioneiro português Sebastião. Claro que ainda conservando a grande pasmaceira nas casinhas agrupadas entre hortas, chiqueiros e muita preguiça. Das boas, nas pessoas e nas coisas.

Muitos ranchos de pau a pique beirando o rio Tietê, taperas meio descobertas, onde rente ao chão o fogo crepitante lançava línguas de labaredas. Aquecendo homens que ressonavam estendidos sobre couros enquanto o café chiava na braza...

Ressentiam-se todos da falta de uma igreja, onde pudessem com suas preces procurar a calma de espírito tão necessária na lida do dia-a-dia.

Foi quando Sebastião Ferreira dos Santos e sua esposa Benedita Abreu dos Santos, proprietários de um terreno localizado onde hoje se ergue a igreja de Nossa Senhora de Lourdes, fizeram a doação do mesmo à Cúria Metropolitana (conforme prova o documento existente nesse orgão, datado de 27 de junho de 1914).

Sem nenhum interesse, pois naquela ocasião não existiam lojas de comércio, casas de propriedade dos doadores, nem tampouco loteamentos. A doação foi feita com o fito único de ver progredir a cidade e servir aos seus moradores.

Ali iniciou por sua própria iniciativa e com a colaboração do povo, destacando-se os amigos Francisco Ignácio da Silva, Manuel Alves Correa, Nicola Réa, Francisco La Regina, Joaquim Canuto de Albuquerque, José Veiga, Herculano Duarte Ribas, Vicente Guida, Alberto Generali, Paulo Miranda, Armindo Pereira Jordão,

Archimedes Nolla, João Bolsari, Amado Cameron, Vicente Paganucci, Benedito Leite, Abilio Secundino Leite, Dr. Deocleciano Rodrigues Seixas, João Romero, os irmãos Romano e outros, a construção de uma igrejinha, que resultaria, na igreja matriz, que Poá hoje se orgulha de possuir. (E famosa pelos milagres do Padre Eustáquio, que muitos anos mais tarde surgiriam)...

No dia e hora marcada para a reunião democrática, só não compareceria evidentemente o carrancudo "Camaleão". Todos os eventos que as figuras representativas locais, negociantes e proprietários de terras, programavam para a paz e o progresso do lugar, o filósofo-mendigo procurava desconhecer. E a desculpa sempre a mesma entre os amigos de infortúnio, para não comparecer:

—Coisa da Maçonaria — meu caro amigo — e da Guarda Nacional! Em festa de pavão emplumado, inhambu não pia...

Um ou outro retardatário chegando de charrete ou apeando-se do cavalo. Jarras de água postas, canecas e cinzeiros para os enormes cigarrões. Inicialmente com os moradores presentes, uns sentados em compridos bancos mal aparelhados, outros aboletados sobre tamboretes, barricas, sacos de milho e jiraus, planejando sob o comando do líder Sebastião, cotovelos fincados na mesa tosca:

—Que tal fazermos assim?...

—Interessante...

—O compadre o que acha? E o amigo?...

—Concordo...

—Eu também...

—Aprovado? Então acho melhor iniciarmos já...

E finalmente todos metendo mãos à obra...

Historicamente, a idade de uma cidade é considerada, no momento em que a primeira capela é erguida. Seja ela em que situação for, de taipa ou alvenaria.

Em Poá não foi diferente.

Podemos rever a cena: hora de mormaço em terreiro mal varrido, cães estirados à sombra, mulheres socorrendo pintinhos desguaritados e crianças aos berros atrás de galinhas chocas.

Quando um espreguiçamento entorpecia a vida de adultos pitando na rede ou parados em comentários, parecendo que o sol causticante fazia suar até córregos e brejos coalhados de rãs barulhentas, alguns trabalhavam...

Assim sendo, o pioneiro português Sebastião Ferreira dos Santos que depois de tanta dedicação ao bairro em que morava, teve a idéia de fazer a igreja, cedeu graciosamente o terreno e ajudou a levantar paredes (ainda que precariamente), com amigos dedicados na ocasião, é o fundador de Poá, embora ultimamente esquecido...

À tardinha, no latir de cachorros esfomeados e apavorados, surgiam caboclos vindos das roças. Rapazes de jacás de milho ás costas. E os mais velhos atrás de uma cachaça revigoradora de forças. Berreiro de mulheres de "paiero" na boca e choro de crianças ranhentas agarradas nas mamas flácidas.

Na velha praça poaense, junto do som da sanfona distante atacando uma toada, a brisa trazia ao pálido pedinte "Camaleão", cabelos emaranhados, vinco forte na testa e branco até os ossos, um pensamento distante.

Eco da vida jovem, réstea da fugaz felicidade de outrora...

Estava acompanhado do outro mendigo magro. O "Tição", assobiando a música da sanfona ao longe.

Bugre, ex-domador de potro bravo, que deixou de encilhar animal e cavalgar, para a exemplo do "Camaleão" agarrar-se na garrafa. Transformado pelo tempo, em curandeiro, especialista em altas benzeduras e fechamentos de corpos. Escuro, cor de cuia, bigode ralo caído de um lado e arrebitado do outro como vassoura velha. Quando não assobiava, baforava surrado cachimbo e a toda hora cuspindo através da falha do canino.

Os dois mendigos haviam montado num canto da praça, quase que uma casa, tanta a tralha juntada atrás da moita da aroeirinha.

—Minha luta tem sido uma légua tirana! Sem fim...Mas como nesta vida a gente se acostuma até com a infelicidade, vou levando...Só Deus vai mandar parar...

Confessou o filósofo para o amigo. Este riu e resmungou algo. Recebeu como resposta:

—Estou ficando velho? Pode ser. Realmente o homem só começa a envelhecer, quando os lamentos substituem os sonhos...

Encerrou "Camaleão".

Além de restos de portas e janelas, tinham juntado um bau contendo farinha de mandioca, açucar mascavo, limões e garrafa de aguardente. Cama na forma de jirau coberto com capim seco, tosca mesa e sobre ela, uma gamela contendo canecas para lavar, além de mochos (pequenos assentos baixos, sem recosto, feitos de madeira), espalhados para servir aos amigos que por ali passavam. Para aumentar a sujeira, ainda faziam no local, uma espécie de sabão escuro usando a gordura da semente da oiticica. Cujas folhas, quando secas serviam de lixa.

O companheiro de infortúnio de "Camaleão", o "Tição", tirou de dentro do piquá, uma cabaça de remédio. Mais uma encardida e amassada vasilha, que remexeu, cotendo banha de galinha e gordura de cobra.

Outro rezador de fama. Diziam até, ser melhor que a "Vidente do Rio". Capaz de num só golpe, reunir todo tipo de serpente peçonhenta da região, num terreiro curto, e dançar no meio delas. Da cascavel a urutu-cruzeiro. Da jararaca a jararacussu...

Olhos esbugalhados despejando lágrimas de ódio, dedo fincado em riste para o céu e cavanhaque para a terra. Louco para molhar a garganta. Respiração presa e ouvidos alertas, sentado sobre o tronco do secular jacarandá caído por raio, ao lado da sangra-dágua e debaixo do ipê-amarelo, o pedinte-filósofo "Camaleão" amuado e com um nó na garganta, reclamou em voz alta:

—Os falsos amigos são como a sombra, só nos acompanham quando o sol brilha...

Cessava o zunzum das mamangavas. A noite de inverno, com morcegos voejando e vagalumes cruzando o espaço, prometia cair fechada e triste.

Um céu carregado, sem estrela, em pouco tempo recobriria a terra poaense num tenebroso manto de luto, assustando ratos-do-banhado e a saparia. Isto se o teto pardo e ameaçador, não se dissolvesse em chuva...

Com tempo ainda de ser apoiado de pronto pelas altas e esbeltas irmãs italianas Clísia e Ardísia. Rosto oval e traços bonitos. Como saltitantes corruíras, que por ali passavam costumeiramente pela manhã e a tarde. Carregando orquídeas perfumadas, apanhadas nas proximidades. Completaram quase juntas:

—Os verdadeiros amigos esperam a lua nascer...

—Os inimigos nos são úteis, porque mostram nossos erros. São mestres a quem não se paga...

Explanava dessa vez o mendigo-filósofo "Camaleão" (que alguns diziam ser vítima de mau-olhado no passado) aos amigos, na velha praça florida por ipês-amarelo, cercada de maricás, cássias e dedaleiros. Pedinte guardado pelos fiéis e esfomeados "Zóio", "Zorêia" e "Zunha", mexia num pote contendo mel de bojui...

Quando o galo cantou pela primeira vez, a madrugada desbrochou na mais linda manhã daquele mês. O sol aparecia no horizonte, por entre tufos das esguias palmeiras jerivás, tudo resplandescendo em festa de luz, paz e calor.

"Camaleão" teve sono leve e sonhos deliciosos. Acordara alegre. Levantou-se, sorridente, cantarolando, sem a habitual dor de cabeça que o tornava carrancudo e de mau humor. Aqueles que o conheciam estranharam sua reação naquele dia, que saiu do casebre assobiando e chegara na praça dentro de igual contentamento.

Sentara no mesmo tronco caído olhando as irriquietas aves, dispersas no pequeno paraíso estriado de verde e sépia, rebrilhando no vidrilho do orvalho. Aqueles pingos luminosos previam boas novas, quando um moleque aproximou-se, aos pinotes, com o recado ao mendigo...

1914. A missa terminava.

O povo, em trajes domingueiros movimentava-se festivo. Mulheres e crianças espiando de sosláio e retribuindo cumprimentos, os homens abriam passagem. Feitas as diversas e principais melhorias na época em Poá, de uma ou outra rua larga, poucas travessas com alvas casas como garças adormecidas e uma praça principal formando ninho pitoresco em meio a aspereza da paisagem, o pioneiro português Sebastião Ferreira dos Santos, não parava na sua ânsia de progresso.

Partia para algo importante que faltava na vila distante: a construção do cemitério. A necrópole tão desejada, para o repouso eterno dos entes queridos dos cidadãos poaenses, que seguindo o exemplo e estafante trabalho do líder, não deixavam de lutar por benfeitorias para o lugar onde residiam.

E como o ensino era deficiente, conseguiu-se também por iniciativa de Sebastião a instalação das Escolas Reunidas, que tanto benefícios passaram a trazer aos jovens escolares. Localizava-se esse estabelecimento de ensino, nos terrenos, onde hoje se ergue o Abrigo Batuira, que posteriormente foi transformado em Grupo Escolar, do qual foi primeiro diretor, o professor João Cardoso Pereira, o "Joanico".

Quando foi criada a Sub-Prefeitura, Sebastião Ferreira dos Santos, foi o primeiro sub-prefeito do então distrito, ocasião em que também organizou e manteve às suas expensas durante anos, a primeira Banda de Música Oficial de Poá, tendo como seu grande colaborador o maestro José de Oliveira Gomes.

Todos no lugar acompanharam mais esse evento. Houve festa: quitutes e rojões. As bebidas corriam soltas e os tocadores já se desafinavam, quando o baile principiou, com sanfona nova prometendo tocar a noite inteira...

(Em 1922, Sebastião Ferreira dos Santos, já cansado das lidas políticas, devido a sua idade avançada, mas vendo frutificar o que implantara com tanto amor e abnegação, abandonou a política, recolhendo-se a sua vida privada no centro de Itaquaquecetuba. Deixando inclusive, o cargo de sub-prefeito, ao qual dedicava muito esforço em prol da cidade de Poá.

Na sua despedida compareceram amigos de toda a Capela como Itaquaquecetuba era também chamada, e em especial companheiros de Poá. José Leite de Camargo, Carlos Alexandrino de Moraes, Justiniano Viana, Domingos Abramo, Manoel do Espírito Santo, Napoleão Vincent, Luiz Augusto de Mendonça, Antonio Cardoso Bueno, Francisco Ignácio da Silva, Antonio De Camilis, Pedro Caropreso, Manoel Pereira Neto, Francisco de Paula Fernandes, Jose Luiz de Camargo, Afonso La Regina, Manoel Pinto da Fonseca.

Assim sendo, o cidadão português Sebastião Ferreira dos Santos, que residindo alternadamente entre Poá e Itaquaquecetuba, foi dos maiores desbravadores e propulsores do progresso da região. Com todos os méritos, o seu máximo benfeitor)...

A cidade permanecia em sua paz habitual até o dia em que um escândalo de grande proporções abalou o lugarejo: uma das irmãs italianas belíssimas, a que usava com frequência rendas do roxo claro a tonalidade mais escura, havia fugido com o mendigo "Camaleão"!...

—Mas que absurdo! Incrível, mesmo!...Aquele mendigo rabugento; sujo e mau humorado, com lenço vermelho prendendo folhas de laranjeira na testa, que vivia queixando-se de dor de cabeça crônica?...

Quis saber um influente jovem poaense, olhos parado. Recusando a crer.

—Inacreditável? Mas é pura realidade! O mesmo rabugento, encrenqueiro e perebento! Pedinte fedido, que vivia cercado de cabeça de prego arruinado, rodeado de arnica e salmoura por todos os lados...

Confirmou um dos rapazes da sua turma, fazendo um "sim" com a cabeça. Rico, dono de criação e lavoura. Honesto e estimado. Em idade de casamento, interessado na moça e não se conformando com o sucedido e a perda.

A notícia espalhou-se rapidamente em rodas tanto masculinas quanto femininas:

—Lembram-se daquelas belas italianas?

—As duas irmãs? O que aconteceu, morreram?...

—Pior! Pois é, uma delas enrabichou-se por um mendigo! A estudada Clívia, prendada como só ela e que vivia quieta no seu canto! Pode uma coisa dessa?...

Alguém que lembrava bem do "Camaleão" passou a contar sua vida:

—Conheci-o ainda moço. Tratava-se de um caboclo desempenado e rijo. Morava perto do Tietê onde a mata abre um rasgão inesperado. Ali ergueu casa de terreiro bem varrido na frente, com paiol e galinheiro ao lado e plantara as roças. Chiqueiro no fundo e milharal farfalhante estendido pela restinga afora. Caprichado e verde. Dessas tonalidades de verdura que arranca gestos de satisfação ao surpreso viajante...

Alguns curiosos juntaram-se ao contador de "causo" que diante da inesperada platéia entusiasmou-se prosseguiu:

—Elegante, sempre de lenço branco no pescoço, um galanteador nos bailes do arraial, "Camaleão" destacava-se também pelos ponteados na viola, um campeão de desafios atraindo moças casadouras, rolinhas das mais ariscas. Mas tudo principiou quando ele deixou a lavoura e passou a dedicar-se somente a pescaria. Dali, por motivo desconhecido trocou tudo pela bebida. Aniquilou-se. Virou um traste de gente, a rolar pelas águas do Tietê....

Nova parada e um golpe de cachaça foi providenciado para o contador que estava de garganta seca:

—Uns diziam que o homem estragou-se por um amor impossível, outros afirmavam que a culpa havia sido doença. Uma febre tinhosa das águas empoçadas, alcançara o pobre pescador. O boticário arrumou-lhe quinino e o caboclo passou a viver embrulhado em chales e cobertores, sentado no terreiro sem parar de tremer. Em pleno sol de tostar, o infeliz batia o queixo de frio...

—E dai?...

—Dai que ele nunca mais foi o mesmo. Até cair na mendicância...

—Tudo bem. Tenho até dó, mas estragar a vida de uma jovem formosa como a dessa estrangeira de família distinta, meus vizinhos, não me conformo!...

Expôs uma jovem de passagem pelo local.

—Por isso prefiro mais um "sou" do que duzentos "fui". O passado não vale nada, o que conta é o presente, minha gente!...E o dinheiro, é claro!...

Concluiu a garota interesseira, da mesma idade.

—Coitada da moça! Como explicar tal mistério e incompreensível desastre? Por isso andava numa tristeza de fazer dó. E tristeza, é lágrima que o lenço não enxuga! A mais bonita destas bandas! Jovem instruida, educada e criada a água de cheiro. Só pode ser coisa de macumba...

Desabafou a velhota Maricotinha, revoltada com o fato inédito na região. Formando uma rodinha.

—Não era atoa que o "Camaleão" andava muito com aquele "Tição". Além de curador, um macumbeiro de mão cheia, pois segundo ouvi falar, parecia ser chegado nas coisas misteriosas do além...

Confirmou a comadre, sem parar a caminhada e largar o braço da amiga.

—Que nada! Foi porque quis!...

Opinou uma terceira mulher sem ser chamada.

—Pura senvergonhice! Destino é como caminho, Maricotinha, a gente é que faz...

Interferiu ainda uma quarta. Poucos passos e Maricotinha completou, disposta a encerrar o assunto:

—Coisa feita ou não, no amor tudo é possível, minhas caras...Pode ser também alma doente! E não há pílula que acabe com a dor da alma...

LOBISOMEM NÃO TEM HORA

A maneira que cavalgava, o cavaleiro observava a exuberante paisagem verde, no sítio de bairro dos mais antigos de Poá. Cujos arvoredos começavam a ficar cobertos pelo pó de prata do orvalho, na maciês das cores que os raios do sol iniciavam pincelar.

Cruzou com o carro de boi, lerdo e guinchador, que depois de parada no mandiocal e milharal, passou cortar o campo sem fim, pontilhado de cambarás retorcidos e varas. Além de uma ou outra guaxinguba, onde pousavam papa-formigas e chauás.

—-Campo bom para se bater atrás de tatu...

Havia chegado no terreiro, marcado pela bandeira rota de São João no mastro já fora de prumo pelo tempo, onde patos, marrecos e galinhas ciscavam. Porcos soltos levantavam no focinho o que viam no rego de água que descia do morro, entre agrião, juncos e taboas. No lugar que apareciam os marmeleiros era o pomar. De copadas laranjeiras e grossas bananeiras.

No bater da porteira, o homem que acabara de rematar a peneira, e preparave-se para trançar um cabresto, surgiu à porta do rancho. Espigado, magro e amarelo, exibindo esparsos fios de bigode ralo. Falou baixo para si mesmo:—Ser andejo, é sina de pobre.

Mas para a visita, acompanhando com o olhar, dirigiu-se com hospitalidade e educação. Ar solene até:

—Apeie um pouco...

Já no rancho o visitante foi sincero ao explicar que há muito tempo andava atrás de rezadores, feiticeiros e curandeiros, em vão. Aquela seria a última vez...

—Dizem que sou lobisomem...

Olhar inquieto. Expôs de cara que o afligia.

—Está falando com a pessoa indicada para dizer a verdade e resolver. Sou especialista, e de longa data. Já botei para correr muito cachorrão com olho de fogo, que surgiu aqui trotando, plá, plá, plá...Na ultima vez, o tinhoso só ao me avistar, soltou um tenebroso ganido e despencou estrada a fora! Mas tem que ser a meia noite de sexta-feira. Não faço nada em outra data e hora...

Pegou nas mãos do visitante, estas estavam geladas, mesmo assim afirmou convicto e cheio de si:

—O que você tem é apenas mau olhado...

Não respeitando data e hora, o cavaleiro se transformou num enorme porco. Roncando como o demônio, fez o curandeiro montar nele e assim, os dois abandonando Poá, sairam juntos pelo mundo afora...

SOLAR DE DONA YAYÁ

A manhã desabrochava em luzes fortes, no tempo em que o rio Tietê ainda era vivo.

Gotas cristalizadas de orvalho escorriam pontilhando as folhas tenras de bananeiras e cambuis. Ao primeiro canto do galo e vacas mugindo ao longe, saltou fora da cama. Abriu a janela e respirou fundo a brisa que balançava o arvoredo.

—Isso é hora de sair? Vai vê que já vai andar de prosa pelo mato...Atrás de Chá-de-bugre, ingá ou araticum, aposto que não é...

Levantando desdenhosamente os ombros, a mocinha que passara a noite em pesadelos, empalideceu sem réplica.

—De quem você gosta, afinal?...

A jovem endireitou o corpo e mediu altivamente quem fez a pergunta. Seus olhos pretos fuzilaram.

—Arre! Já disse. De ninguém...

—Não precisa ficar zangada. Falo para seu bem...Se é desse pescadorzinho de Poá, desista. Ele não lhe convém...

(Uma parte considerável da população poaense e de outros lugarejos adjacentes, viviam da pesca no rio Tietê. Na época um criadouro de peixes de São Paulo a Mogi das Cruzes, que aparentava ser perpétuo. Pois durante anos e anos, famílias inteiras que dependiam desse tipo de trabalho viviam relativamente bem)...

—Não preciso de sua proteção. Sei muito bem o que faço...

Retrucou a moça bruscamente. Pálida, com cara de sofrimento, estranhamente agitada e virando-lhe as costas. Gesticulava olhando a roça bem cultivada.

—Espero não ter que usar o guatambu!...

Insistiu diante da resolução esboçada de rebeldia.

—Homem é homem. E gato é bicho...

Referindo-se ao pescador de Poá, apelidado de Gato, com quem a jovem mogiana se encontrava.

Resolveu retirar-se. Abraçou o pote e levantou a vasilha de saia presa entre as pernas. Sem falar mais nada dirigiu-se em direção da bica atrás dos limoeiros.

Ainda ouviu ao longe:

—Quero morrer de raio, se não impeço esse seu romance...Tome nota e sustento...

Uma vizinha resolveu intervir:

—Tenha dó da pobre...Meu Bom Jesus de Pirapora, ela é escrava do amor...

E recebeu em troca a insistência:

—Que um raio me torre se vou desistir, dessa separação! Nunca...

Horas mais tarde a moça cuidando do alecrim, da babosa e alfazema, encontrou-se com seu querido pescador.

E até ali, a infeliz foi bruscamente recepcionada, quando recebeu proposta de fuga:

—De que tem medo? Para que servem a estrada e o rio?...

Perguntou o amado.

Os olhos da jovem marejaram e num esforço para conter as lágrimas murmurou:

—Apenas não tenho coragem, Gato...É isso que me atrapalha...

O pescador acariciou seu rosto:

—Santo Deus, está chorando? Não foi por mal que falei em partirmos, Yayá...

Foi a última vez que seu nome foi pronunciado pelo pescador poaense Gato.

Dias depois ele sumiu para sempre, nas turbulentas águas do Tietê, por onde passavam agitados, pirapemas, filhotes e jandiás. No exato momento em que no rio se via ao longe um brilho e as águas se agitando. E no meio da movimentação, os peixes pulando para fora, vencendo a correnteza.

Milhões de fêmeas subindo o rio que regava terra bonita e cheia de vida, para desovar perto da nascente, produzindo o fenômeno por séculos e séculos, denominado piracema.

Merecendo grande festa, porque atestava a saúde daquelas águas abençoadas...

Sebastiana de Melo Freire, a Yayá. Moça rica, arrojada e independente, que acabou durante 42 anos encarcerada dentro de casa. Até morrer aos 71 anos.

Yayá, ou melhor, Sebastiana de Melo Freire, transformou-se numa das mais controvertidas personagens da região, banhada pelo famoso rio Tietê. Formado por águas que nasceram em local conhecido por Pedra Rajada, plantado na Serra da Barra que é um contraforte da Serra do Mar. A 840 metros de altitude e a 22 quilômetros do Oceano Atlântico, em terras pertencentes ao Município de Salesópolis...

Durante 42 anos, essa infeliz mulher, permaneceu interditada pela família sob o diagnóstico de alienação mental e enclausurada à força num dos quartos do solar, situado na esquina das ruas Major Diogo e Jaceguai, na capital paulista, até morrer de cancer no útero aos 71 anos.

Mansão construida a partir do que era na época, um típico chalé de chácara, cercado de castanheiras, itaúbas e achuás...

A orfã Yayá havia nascido em uma tradicional família da elite de Mogi das Cruzes em 1887, e perdeu os pais aos 13 anos. Após o misterioso desaparecimento de seu irmão durante uma viagem de navio à Buenos Aires, em 1905, tornou-se a única herdeira-tutorada pelo político liberal Manoel Joaquim de Albuquerque Lins — da fortuna em terras, ações da família etc.

Fez os primeiros estudos em casa, em Mogi das Cruzes, orientada por uma preceptora.

Depois foi internada no Colégio Nossa Senhora de Sion, onde completou sua educação voltada para o casamento. Aprendeu francês, música, pintura, trabalhos manuais, etiqueta e a comportar-se adequadamente em sociedade. Administrar uma casa, educar os filhos e obedecer o marido.

Ao terminar os estudos, voltou para Mogi das Cruzes, embora tivesse residência também na capital. No antigo bairro do Bexiga.

Casa bucólica, com alpendres dando vistas para um pomar com pés de laranja, jaboticada, pitanga, entrecortado por passeios e área reservada para horta em terreno sustentado por murro de arrimo com três metros e meio de altura.

Por detrás dos muros, tudo o que a mulher gostava de fazer na área doméstica quando ainda era saudável. Preparação anual de conservas e compotas, feitura semanal de doces e biscoitos, enquanto diariamente as senhoras da sociedade paulistana participavam em sessões de trabalhos manuais seguidas de chá e prosa...

Nesse período, Yayá já ostentava alguns indícios de que era uma mulher avançada para sua época. Gostava de sair pelo rio Tietê, para fotografar e ela mesmo revelava seus filmes em casa.

Apresentando seu povo e seu viver: homens pescando ou cuidando de fisgas e anzóis. Mulheres nas pequenas palhoças cobertas por jací ou carandaí, dos ribeirinhos, debaixo de acapus ou dos pau-darcos, a consertar redes. A exibição de ricos chalés de madeira ou confortáveis casas baixas de amplas varandas. Perto da moradia, o bananal e o mandiocal. O milho, o feijão e a batata. As pilhas de madeira arrumadas nas barrancas do Tietê, que marcavam os "portos de lenha", atraindo batelões...

Yayá tinha gosto pela literatura. Pretendia escrever um conto regional? Narrativas de viagens? Como nas fotografias, um romance mostrando sua terra e sua gente? Talvez páginas sobre o adorado rio de sua infância, inundando as várzeas pontilhadas de arbustos e enfeitadas por trepadeiras e orquídeas que produziam a deliciosa baunilha? Crônicas citando a mata engolida por grandes enchentes? Ou mesmo narrativas de viajantes que em épocas diferentes e distantes, pisaram seu chão, trilharam veredas mogianas percorrendo roças e beiras de rio?...

Algumas pessoas achavam que o sinal mais evidente do comportamento arrojado para aqueles tempos, da moça rica e bem relacionada, estava no fato de manter-se solteira, mesmo diante de inúmeros pretendentes. Mantinha boas amizades e uma amiga comentava sobre a jovem que protegia artistas e frequentava as rodas sociais:

—É tristonha assim, porque teve um grande aborrecimento na vida!...Enorme decepção amorosa...

O casarão da rua Major Diogo, no Bixiga. Tombado pelo Patrimônio Histórico, o solar de Dona Yayá oculta até hoje, tenebrosa história de intrigas, loucura e ambição.

—Não é teu, o que dás ao pobre. E sim o que pertence a ele. Porque o que era de todos, tu te apropriastes...

Manhã de largo sol alegre. Menos para a encarcerada Yayá, falando sozinha, mexendo em flores e frutos artificiais colocados sobre a pequena mesa. Onde já se encontravam caixas de sabonete e pó de arroz. Um pente, leque e cartas de baralho espalhadas. Em que estaria pensando?...

Fotos e mais fotos, de todas as épocas, jogadas pelo chão. Assim como páginas escritas a mão. Junto de cortes de seda, alfinetes, lápis, borracha e até um simples pedaço de barbante colocado ali, para ela brincar...

Esperando inutilmente o tempo passar? Logo ela, que fôra mulher moderna, tão cheia de vida...

Em 1903, a legislação nacional a respeito da loucura definia os alienados como "portadores de moléstia que compromete a ordem pública e a segurança das pessoas".

Assim sendo, em nome da ordem pública, a medicina mental justificava uma crescente intervenção no controle do comportamento das pessoas.

Para os pobres que eram taxados de loucos, havia asilos públicos, enquanto os estigmatizados ricos e de classe média, classificados como dementes morais e degenerados, acusados de serem viciados em jogo, álcool e vida sexual desregrada, ficavam sujeitos a internação em sanatórios particulares ou domesticamente reclusos.

A segregação dos loucos livrava a sociedade do suposto perigo da contaminação e aliviava parte do estígma e vergonha da família, considerada cúmplice de uma doença que acreditava-se hereditária.

Vítimas do preconceito, as mulheres eram acusadas de portadoras de demência, em qualquer manifestação de comportamento que denotasse independência.

Ou simplesmente porque significassem empecilho na divisão de uma herança.

Atitude comum em atritos com partilha de bens de famílias, daquele tempo...

É possível que Yayá independente do drama contendo paixão frustrada, tenha também sido vítima de uma trama diabólica de parentes, interessados em se apossar de sua fortuna. Fato muito comentado na época.

Para alguns, aos 31 anos, em 1918, a mulher de personalidade viva, alegre e voluntariosa, pressionada e esgotada, iniciou a dar sinais de desequilíbrio emocional.

E após um ano, em janeiro de 1919, tentou o suicídio, perdendo definitivamente as rédeas de sua vida.

Três meses depois da tentativa frustrada de suicídio, os laudos médicos atestaram seu descontrole racional.

Yayá foi considerada interdita e seus bens ficaram sob a responsabilidade de um curador, José de Souza Queiroz, antigo amigo da família. Internada no Instituto Paulista durante aproximadamente um ano, foi transferida para um casarão na rua Major Diogo, na capital paulista.

Dentro de casa, no quarto do palacete, transformado em enfermaria de hospício que era seu inferno, Yayá, outrora rica, arrojada e independente, ficou isolada entre 1919 e 1961...

O cômodo dispunha de uma abertura visual para o da governanta, onde ficavam as imagens dos santos de devoção da milionária mogiana.

E toda uma tralha ali acumulada, para sua distração, como se ela tivesse voltado à infância.

Além das fotos de sua autoria, mostrando velhas igrejas mogianas, cenas ribeirinhas como pescas e passeios em barcos. Serras e riachos. Belas paisagens de sítios e chácaras, do roçado à plantação. Instantâneo de uma indústria caseira de farinha de mandioca, tropas de burros nos campos, casas cercadas de amplos alpendres. Cenas urbanas com muitos edifícios, provavelmente do centro da capital ou mesmo do antigo bairro do Bixiga.

Retratos de parentes, de Mogi das Cruzes no início do século, de Poá e adjacências.

E quem sabe, no meio de tanta coisa, fotografias de seu pescador Gato?..

Por essa abertura, ela recebia os pratos com alimentos e que também era usada para se comunicar com as pessoas: a governanta Elisa, o enfermeiro Garcia, a dama de companhia Elizinha e a empregada Georgina.

As janelas do local haviam sido desenhadas pelo psiquiatra Juliano Moreira, com largura e altura que permitiam o fluxo do ar e da luz, mas suficientemente estreita e gradeada para impedir a passagem de uma pessoa.

A cama e uma cadeira higiênica, os únicos móveis do quarto, foram presos ao chão e piso sem emendas e as paredes pintadas com tinta a óleo, para facilitar a limpeza.

Depois que passou a sobreviver entre essas quatro paredes, em situações delirantes dona Yayá batia-se, xingava, rasgava as roupas, chorava e ria.

Implorava para amamentar e embalar um filho que jamais tivera...

Enquanto parentes distantes lutavam para ficar com a fortuna da mulher isolada e enjaulada, seu estado piorava cada vez mais.

Aprisionada e caída no catre imundo, a dama antes cercada de luxo e riqueza, se tornava quase inerte.

As décadas de isolamento fizeram os delírios da mulher degenerar em demência total...

Os parentes que exigiam direitos, acabaram morreram todos antes dela e a tão ambicionada herança acabou sendo considerada vacante e tomada pelo Estado.

Quem hoje passa pelo casarão da rua Major Diogo, na Bela Vista, antigo bairro do Bexiga da capital paulista, pode ver a qualquer hora do dia ou durante a noite, um gato remexendo o jardim e querendo entrar na casa.

É o espírito do insistente pescador poaense, Gato.

Apaixonado, que a todo custo quer invadir o solar de dona Yayá (onde oculta história de intrigas, loucura e ambição), para encontrar-se com sua moradora e matar a saudade imensa...

O DESCRENTE

O ano era 1919, quando por ocasião do início da reforma e limpeza geral da estrada de ligação entre Poá e Mogi das Cruzes. Em matas espessas de massarandubas.

Sendo o serviço executado por presos da cadeia pública de Mogi e guardados por soldados do Estado. Com autorização expressa do secretário da Segurança Pública, na época, Eloi Chaves, exigindo que o chefe do destacamento policial encarregado da vigia, sargento Libório, observasse bem a região, pois desconfiavam que por ali estava morando um ladrão italiano, fugitivo da prisão. Caseiro da casa de campo de um conde, em Mogi das Cruzes, de onde surrupiara valorosa e faiscante jóia cravejada de brilhantes e rubis...

Antiga trilha cercada de tapiás e dedaleiros, criúvas e corticeiras. Abacateiros-do-mato, framboesas selvagens, e água cristalina, percorrida somente por guias experientes. Depois tornada ampliada passagem de tropeiros para as Minas Gerais e o Vale do Paraíba, perseguidos por algazarra de periquitos procurando árvores de grande e médio porte, que exibiam grossos cipós, bromélias e samambaias.

A cada tantos anos, a mesma coisa. Tempo de limpeza do mato de aleluias, aguaís, uma ou outra pata-de-vaca e acerto no chão, que não durava muito. Logo a mataria crescendo e tomando conta de tudo novamente. Escondendo os últimos sinais de terra batida naquela passagem cercada de frutinhas vermelhas adocicadas, abandonada, seguida de ambos os lados por valetas abertas pelas águas das chuvas contínuas...

Longos trechos fechados por finas taquaras que cortavam como faca, principalmente na encruzilhada entre Poá e Guaió (Suzano) na direção de quem seguia para Itaquaquecetuba, dificultava o trabalho da tropa. Em certas áreas a espécie de bambu de caule fino (vara de pesca), formava longos caramanchões naturais. Em outros, a copa das árvores fechavam tanto que apenas frestas de luz atravessavam, dando a impressão de que a noite já estava caindo. Sem um sabiá para trazer a música que faltava.

Somente olhos experientes, como do feitor-sargento Libório, o chefe da turma tanto de guardas quanto dos trabalhadores braçais, acostumados a percorrer a espécie de mata fechada de manacá-da-serra, unha-de-vaca e tarumã, não se perdiam nela. No roteiro de poucas curvas e muitas pedras. Que ora se estreitava esbarrando em folhagens largas que brotavam em profusão, ora terminava em extensas formações rochosas.

Os presos-trabalhadores mesmo com falta de resistência física, invadiam sem descanso, bosques de solo escorregadio, cujo barro guardando registro, mostrava o tamanho da pata da jaguatirica que por ali passara. Os homens revirando restos de folhagens de diademas e leiteiros, levantavam troncos caídos, entupiam buracos traiçoeiros, ajeitavam pedras soltas e escorregadias, comendo além das frutinhas vermelhas uma ou outra banana-do-brejo, que eventualmente encontravam pelo caminho.

No entardecer acamparam num lugar triste, de vento fino e cortante.

Não havia um socó-boi, um guará, um gavião-pomba. Em que o caminho de uma vila perdia-se entre barrancos de verdes pinheirinhos e sapateiros e um amarelado sapezeiro da chapada alta.

Ficaram estacionados debaixo do ipê-amarelo, cercados de grãos-de-galo e frutas-de-pombo, a conversar entre a fumarada dos rústicos cigarros de palha e loucos para tomar uma caninha.

Cada um contando seu "causo", envolvendo mistérios e bruxarias. Presos-trabalhadores e guardas. E o sargento Libório, descrente de tudo, fazia pouco caso:

—Vocês não passam de caipiras ignorantes e mentirosos. Ingênuos, acreditando em qualquer bobagem que lhes contam...Como o "Pai-do-mato", que urina azul. Homem com pé de cabra e corpo peludo lembrando um macaco. E mesmo o "Cabeça-de-cuia", que habita os rios. Alto, magro, que de sete em sete anos ataca uma mulher chamada Maria. E meninos que nadam nos rios...

Trabalhadores e soldados em sinal de respeito, apenas ouviam o sargento, punhos cerrados, falar:

—Agora é essa lenda do tal de "Famaleal", que corre por aí. Espalhando a crença de que, quem encontrar tal figura, enriquece milagrosamente...

Enxugou a face encovada, barba e sobrancelhas embranquecidas, molhadas de suor produzido pela mata poaense que parecia escaldar. O martim-pescador vôou daquele inferno, para se refrescar nas águas do Tietê.

—Mas, tem que pagar com sangue todas as sexta-feiras, os juros da preciosa relíquia...meu sargento.

Adiantou um dos trabalhadores, felpudo boné marrom e sujo, atolado na cabeça. Finalmente tendo coragem de pronunciar.

—Onde já se viu tal disparate?...

Tentou encerrar o chefe do destacamento.

—"Famaleal", existe, sim senhor, "seu" sargento! É um minúsculo diabinho negro, pés de pato, que se guarda dentro de uma garrafa! Nasce do ovo de franga preta, chocado embaixo dos braços...

Acabou encerrando, confirmando e jurando, o único trabalhador que desenrolando a língua, ousou contrariar o comandante da operação-limpa estrada.

Uma brisa perfumada vinha das pastagens. A jacutinha assobiou distante, lá pelas bandas do porto das canoas. E o tisio próximo, pulava no galho murcho do ingazeiro derrubado.

Enquanto o sol brilhando como pedra rúbra, derramava luz sobre eles, a mata centenária e a picada, o leito carroçável, a ser limpo. Através do emaranhado de galhos, os raios faziam brilhar os arbustos rendados e até parte do extenso gramado.

Ligeiramente afastado do grupo de escolta do bando esfarrapado de trabalhadores saidos da prisão, numa pobreza extrema todos eles, e aparentando estar indiferente a tudo, fuzil colocado no chão, olhos perdidos no céu azul, um dos soldados permanecia imóvel.

Alheio a miséria a sua volta. Indiferente a sorte daqueles homens em andrajos, formando a imagem da penúria, o militar permanecia impassível. Sentado com as costas apoiadas no pessegueiro-bravo e um pé apoiado sobre o tronco de ingazeiro caído, resolveu assobiar. De fio a pavio a ópera "Iris", de Pietro Mascagni. Uma das jóias da música italiana.

O homem quase sempre isolado, que raras vezes se dirigia aos companheiros, afroxou as polainas e se usasse sua voz de barítono, mesmo para interpretar as modinhas nacionais da época "Bem-Te-VI" e "Angu-do-Barão", revelaria o sotaque de italiano. Preferiu então continuar assobiando. Desta vez a canção napolitana "Oi Mari, oi Mari" e emendando, "Torna sorriento"...

Pensando. Será que aquele sargentão bronco, não acreditando em nada, iria crer que justamente no meio da sua tropa estava o ladrão procurado?...

Que tal se no meio dos "causos" da caboclada ali reunida, tanto de policiais como consertadores de estrada, ele contasse sua vida no passado?

Que antes de ser caseiro de sítio, fôra famoso cantor de ópera! Astro internacional, de inesquecíveis noitadas de encantamento e arte! A remoer reminiscência saudosa das noites estonteantes, das alegrias que não voltavam mais!...

Ao invés dos tiros das carabinas pléc...pléc...pléc, no quartel de Mogi das Cruzes, ouvia delirantes aplausos de platéias em cadeiras, nas frisas e camarotes, em direção do palco como um jardim florido! Na hora da atenção do maestro na preparação da cena principal!...

O isolamento do praça pensativo, mal encostado no tronco como se estivesse bem posto em confortável cadeira de balanço e mudo, acabou chamando a atenção do chefe do destacamento. Tirou baforada do longo cachimbo prestes a apagar e indagou rispidamente:

—No lugar de ficar ai assobiando a toa, pensando na morte da bezerra e na briga da ave acauã com a cobra boipeva, soldado, porque não vai caçar, para nos alimentar?...

O sol a pino produzia calor abrasador.

Foi proposta uma parada para alimentação geral. O sargento e os praças, serviram-se inicialmente, de uma dose de aguardente. Depois feijão com toicinho que adoravam, aos quais se somou a couve com farinha de mandioca e muita pimenta. Água e frutas da região, completavam a refeição.

Aos presos-trabalhadores, chapéus desabados na cabeça, restaram poucos nacos de abóbora cozida. A canjica e o pinhão. Uma ou outra "quitanda". Reforçada por "mãozada" de tanajuras. Abdomes fritas de içás. Formigas saúvas aladas, que saiam aos enxames, no verão, após as chuvas, às vésperas de suas núpcias...

Um deles tirou do bolso um "paulistinha", (santo de barro que se fazia muito em São Paulo, hoje uma raridade só encontrada em museus) colocou na sua frente e rezou antes de comer. Com o mesmo respeito como se estivesse em seu rancho, diante do oratório depositado sobre a arca, fixada por grossos pregos e rústicas fivelas presas ao couro mal curtido, cheirando a carne de bicho...

Pequenas moscas, quase invisíveis, de minúsculas asas vibrando, pareciam parar no ar como beija-flores. A volta de todos, havia delicados zumbidos e sussurros naturais da mata.

Pela primeira vez o subalterno falou. E assim mesmo, baixo:

—Matar animais? Nunca? Eles são nossos parentes que já se foram...

Aconselhou com ternura o soldado tentando ser curto e grosso, para esconder o sotaque estrangeiro.

—Que teoria mais besta e sem sentido, homem. Está amalucado, é? O calor regrediu sua cabeça e pensa que está brincando de chicote-queimado com a criançada, na rua da sua infância?... Pois fique sabendo que me diverte! Tenho prazer imenso em caçar...

Resmungou o chefe do destacamento militar, numa tonalidade áspera e acendendo novamente o comprido cachimbo.

—Gosto seu...

Respondeu o outro vagarosamente, sem se mover do lugar.

—Duvida? Pois vou lhe provar...

Acrescentou.

E ato contínuo o sargento Libório estremeceu-se todo ao se levantar.

Empurrou alguns presos-trabalhadores metidos em farrapos, na mais negra miséria, parecendo espantalhos humanos, que atravancavam seu caminho. Ao pegar a arma onde estava pequeno besouro passeando, derrubou-o com um piparote. O inseto balançava as perninhas pardas e finas. A muito custo tentava sair daquela agonia. O homem sem remorço, pisou-lhe em cima.

Olhou para o alto, parecendo escolher uma árvore no meio da imensidão verde. Levantou o fuzil, em direção de um bugio no alto do jacarandá.

O macaco olhando fixo nos olhos do policial, gritou para que todos ali ouvissem:

—Não atire! Não atire, Libório, que sou o seu pai Aristeu!...

Uma dor violenta varou-lhe a alma.

Raios de sol emergindo de flocos de nuvens, aprofundou-se fortemente no verde-escuro das copas mais altas da floresta poaense, como a despedir-se. Logo a noite tomaria seu lugar.

O AMULETO DE BRONZE

7 de setembro de 1920. Nesse dia festivo, estava sendo feito o lançamento da pedra fundamental do "Obelisco de Poá", com o intuito de reverenciar diversas personalidades da História. Ou "Obelisco Histórico".

Em local próximo a um casebre que servia de abrigo aos viajantes, entre os quais se incluia o imperador Dom Pedro II, que um dia passara por ali...

Ocasião em que o Brasil comemorava os 98 anos de sua Independência. Mais tarde o "Obelisco" ficou conhecido popularmente como a "Pirâmide de Poá", devido seu desenho arquitetônico. Foi construido na rua Coronel Benedito de Almeida, em local significativo historicamente. Ponto de confluência da antiga Estrada do

Imperador (rua D. Pedro II) e da Estrada do Paredão (Avenida Nossa Senhora de Lourdes).

Nas 4 placas afixadas no monumento passaram a constar os seguintes dizeres:

"A memória dos propagandistas da República: Dr. Rangel Pestana, Dr. M. F. de Campos Salles e general Glicério, 15 de novembro de 1881".

"A memória dos batalhadores da abolição: Visconde do Rio Branco, Luiz Gama e Antônio Bento, 13 de maio de 1888".

"A homenagem aos heróis nacionais: Tiradentes, José Bonifácio e Silva, marechal Deodoro da Fonseca e Floriano Peixoto, 15 de novembro de 1881".

"7 de setembro de 1920. Lançamento da primeira pedra da pirâmide em memória da Abolição. Inciativa dos srs. Altino Manoel da Conceição — Marcolina Maria da Conceição — Domingos Pereli".

Foi também o dia em que após as festividades, com o boteco das imediações apinhado de frequentadores, houve um assassinato, que acabou tirando o brilho da festa popular. Coisa rara de acontecer por ali na época.

Um empregado do meu avô capitão Francisco Ignácio da Silva, o agregado por nome Cabral, apanhou um parafuso de bronze, da placa, jogado no chão, amarrou num barbante e colocou no pescoço, na forma de amuleto. Estando no bar, outro caboclo tentou ficar com o talismã achando que afastaria desgraça e malefício. Foi morto por facada. A causa comentada: por um pedaço de queijo...

O empregado Cabral, absolvido por legítima defesa, meu avô transferiu para Itaquaquecetuba. Onde o homem passou a cuidar do cemitério local por longos anos, nunca mais se envolvendo em discussões ou brigas...

CHÁCARA DOS IRMÃOS

Sob um céu luminoso de verão, o barco deslizava nas calmas águas do Tietê. E dele já se podia distinguir nitidamente pequenos ranchos e casinhas brancas. Algumas de construção mais caprichada, mostravam-se como imponentes residências de fins de semana, de gente endinheirada da capital em busca de laser. Paz e pescarias, dando-se ao luxo de escolher o tipo de peixe, tamanha a diversidade. Sem dizer a quantidade...

Quando o barco foi chegando outros mais o esperavam, ancorados em improvisados portos que proliferavam pela orla. Uns quebrados, outros novos balançando na água. E em frente aos ranchos, mulheres sentadas consertavam as redes estendidas para secar.

Na paisagem onde reinava o silêncio, a bonita casa da chácara abandonada em Poá, chamava a atenção de todos. E permanecia assim por muitos anos, mantendo em seu interior, trágica história de amor. Ali, contavam os antigos, hospedavam-se deslumbrantes mulheres...

A bela construção em linhas grego-romanas, parte destelhada, impressionava mais no inverno, quando as árvores que a rodeavam, eram fustigadas pelo vento frio. As janelas do casarão semi-demolido tremiam e as portas escancaradas batiam sem parar. Ou durante a tempestade, com clarão azulado assemelhando-se a luz sobrenatural.

A tragédia começara no início do século, quando toda cafetina era Madame...

E as grandes casas de prostituição de São Paulo, achavam-se instaladas no centro. No famoso "“30” da rua São João (hoje avenida do mesmo nome), na “Pensão Milano”, de Madame Serafina, enorme casarão que abrigava mais de uma dúzia de inquilinas, artistas, bailarinas, cançonetistas, coristas da companhia de opereta, sempre em exibição e demais profissões.

Na rua Formosa, em antigos sobradões alojavam-se **cocotes-chics**, como a francesa morena, a marselhesa Marcelle e a loira lionesa, Renée. E na rua Conselheiro Crispiniano, onde imperavam alegres “pensionistas”. Como as de Madame Feliberti, que nessa época era proprietária do “Palais Elegant”. Que mais tarde passou para outro prédio, na mesma rua e para as mãos das novas proprietárias, as irmãs Boccari.

Outras hospedavam-se na discreta “Pensão Negrini” e na velha “Vila Tedesco”, famoso prostíbulo também na Conselheiro Crispiniano, cuja dona chamava-se Madame Nina. O **pivot** da tragédia poaense...

Certo dia, num convescote na luxuosa "Chácara Dos Irmãos", a beira do rio Tietê, do local tão distante chamado Poá, a cafetina encontrou algo que mexeu com a sua cabeça. Madame Nina andava mesmo aborrecida com o cotidiano da sua "Vila Tedesco", na capital, tinha tudo aos seus pés, e resolveu mudar até mesmo de gigolô.

Viu no piquenique poaense, o irmão mais novo daquele que a explorava e não resistindo, caiu de amores no ato...

Esquecendo facilmente seu galante companheiro, como mulher prática, partiu logo para outra, propondo acordo. Ela daria 50 contos de réis para o primeiro, contanto que a favorecesse com sua ausência.

Foi aceito com a mesma rapidez da proposta.

O cafetão não se demorou em ceder aos seus desejos e, no primeiro vapor, no porto de Santos, fez-se de malas para a Europa em viagem de férias...O baixo-mundo da capital alvoroçou-se, pois passaram a falar até em casamento. E se tal acontecesse, era preciso prestigiar a proprietária da mais chique pensão alegre da época.

E as núpcias foram confirmadas. Onde seria a festa? Na luxuosa "Chácara Dos Irmãos", em Poá, ou em reunião no "Palais Elegant", mesmo? Depois de muitos prós e contra, deliberou-se organizar, no "Politeama" uma **soirée** de gala em homenagem aos nubentes.

Até que chegou a noite memorável enchendo frisas e camarotes, platéias e torrinhas do teatro. Uma **avant-scéne** foi preparada para receber os homenageados. Transformaram-na numa cesta de flores transbordante de camélias jasmins, angélicas, cravos, rosas brancas, lírios. Flores que simbolizassem pureza, candidez e pelos cantos, laços e laçarotes de fitas, todos imaculadamente brancos...

Pelas tantas da noite surgiu o casal, quando a orquestra executou a marcha nupcial de Mendelson. Palmas agitaram a platéia e "as mulheres da vida" em pé numa gritaria infernal. Aplausos e vivas aos nubentes, que de mãos apoiadas no parapeito da frisa agradeciam sorridentes, a carinhosa manifestação de que eram alvo.

—Festejam, nessa noite, duas das estações do ano: a Primavera, representada no jovem marido e o Inverno, na figura grotesca e encarquilhada dessa despudorada velhota canalha: Nina!...— Gritou o irmão mais velho, cujo dinheiro dado pela dona do prostíbulo, havia se acabado. Dito isso, atirou na mulher, errou o alvo e acertou no irmão caçula. Diante do inesperado se matou...

CAMINHEIROS DO PROGRESSO

—Padeiro!...

—Garrafeiro! Garrafas vazias...

Poá permanecia na calmaria, até que a notícia do governo chegou alarmando: “Estradas boas para todos os dias do ano e para todas as horas do dia”...

Assim que assumiu o governo de São Paulo em 1920, Washington Luiz fez a importante declaração. Como principal prioridade no seu programa de governo.

Em 1922 foram então anunciados na capital, que os serviços das obras tinham sido iniciados em alguns trechos, já que aproveitariam o leito de outras já existentes.

O engenheiro D. L. Derron e o jornalista A. R. Netto, em 1925, passaram a estudar **in loco** a pé, a cavalo, de automóvel, de trem e barco, o trajeto que restava completar a estrada até chegar ao Rio de Janeiro. Passando por todo o Vale do Paraíba, e principalmente no trecho da divisa paulista-fluminense, até onde já estava pronta.

Em 1926, uma caravana percorreu o trecho da São Paulo-Rio, da capital até Poá, em...dois dias.

Organizada pela Associação Paulista de Boas Estradas e se chamou "Bandeira Washington Luiz". Composta de 27 automóveis, inclusive senhoras guiando, além de diversos motoristas amadores.

Finalmente em 5 de maio de 1928, Washington Luiz já na condição de presidente da República inaugurou a rodovia em toda a sua extensão...

Poá, em passado muito remoto, foi ponto obrigatório de parada de viajantes, tropeiros e até mesmo bandeirantes, que passaram pela região. Figuras ilustres constam na sua História. Entre elas, o Imperador D. Pedro I. E antes dele outros mais, como os jovens naturalistas bavaros, João Baptista Von Spix e Carlos Frederico Felipe Von Martius, enviados ao Brasil, em missão cientifica pelo rei da Baviera, Maximiliano José I, em 1817.

Também o ilustre botânico francês, August de Saint Hilaire, em 1822, quando vinha do Rio de Janeiro, de passagem por Poá citou: "Logo depois de Mogy, encontramos novamente brejos cobertos de erva espessa. Depois de Tayassupeba começam as matas. Os brejos reaparecem. Nos pântanos, fez-se uma calçada que está em bom estado, entretando depois do Rio Guaião (Guaió) encontramos alagadiços, onde os burros atolaram-se quase até o peito, num lodo preto e pegajoso"...

SALÃO BAILE VERDE

Por que o local dançante e centro cívico cultural, em Poá tinha esse nome, desconheciam. O que sabiam era que o poeta, gordo e atarracado, aparecia sempre por lá, agradando o mulherio num entusiasmo febril.

Em dia de gala, traziam a Bugrinha, da capital, para dançar ali. A garota caiada de creme, corada pelo carmim, mesmo assim era feinha, uma contra luxúria, para não dizer um bofe. Porém, um sucesso nacional. A campeã do maxixe. Quando executava com desenvoltura, graça e agilidade, sua acrobática coreografia...

Pretendia mais a diretoria do centro cultural, trazer da capital: a Mille Fleurs, a Jeanne Peltier, a Borisca e a

Sofia, para cantar cançonetas brejeiras, procuradas artistas da zona boêmia, que se exibiam nos teatros de lá.

Um dia infeliz, o poeta adentrou o centro cívico e cultural Salão Baile Verde, com a fisionomia iluminada que mais pronunciava seu nariz comprido. O orador dos frequentadores e poeta de todos, correu o olhar no salão e escolheu uma das jovens presentes para homenagear:

—Quando tu danças evoca as sílfides vaporosas! Tens no bailar, os volteios e meneios das serpentes das nossas matas! É pena que não tenhas o colo da cor do jaspe, para que eu pudesse dizer, como poeta que sou: **Collum tuum sicut turris eburnea!** Ou seja: Teu pescoço se parece com uma torre de marfim!...

Tomou uma dose de pinga com mel, e a testa no ato pôs-se a brilhar. Limpou com o lenço perfumado de camélia o suor do rosto, em especial os lábios, arremessou os longos cabelos para trás e prosseguiu lentamente, ajeitando o **pince-nez** a escorregar-lhe pelo narigão:

—Não importa! Se não tens o tom da neve em tua pele, em compensação em teus cabelos perfumados, paira o negror da noite misteriosa!...

Alguém de olhar furioso gritou em sua direção:

—Cala a boca, maluco!...

Tal falta de respeito, foi o suficiente para o poeta que nunca no centro cívico, fôra destratado, perder a estribeira e o talento. A fome de jantar e sobremesa também colaborou, embora invertidos. Ao cumprimentar a próxima jovem que avistou, seu elogio foi um desastre:

—Seus olhos estão para os meus, como os mais doces dos manjares, gulosamente saboreados!... O bronzeado da tua pele, lembra o apetitoso tostado pururuca, da nossa saborosa leitoa assada!...

OS SONHOS DE THIRSO

—Se meu pai é antigo? Sabe aquela cena da Ceia de Cristo? Então, ele era **office-boy** na época. Só não saiu no quadro, porque tinha ido buscar vinho para o pessoal...

Aos primeiros raios do sol, um reboliço de luz e cores inundou a paisagem poaense. A medrosa madrugada iluminava a ampla curva do céu, enquanto os pastos de guarucaias e canxins, molhados, brilhavam com o orvalho recebido e a mata ressurgia vigorosa numa explosão de seiva forte.

As plantações mantinham suaves tonalidades de aquarela, guardadas por vôos do gavião-pomba e do gavião-preto. Alegradas pelos creojás e tucanos, enfeitadas por jacus-verdes, jacutingas e mutuns-pinima.

Trazidos por rédeas firmes, os animais encilhados chegavam para a tarefa diária dos sitiantes. Um deles despedia-se emocionado:

— Até a volta, meu filho! Que Deus lhe aumente a saúde e a riqueza!..

O jovem partia para a guerra? Nada disso. Apenas iria embarcar na estação da estrada de ferro, para estudar em São Paulo. Depois de escolher entre a Faculdade de Medicina, Escola Naval e Faculdade de Direito do Largo de São Francisco. Optou pelas "Arcadas".

—Vai filho, participar das famosas festividades da data da fundação dos cursos jurídicos no Brasil! Na bendita academia em cujos bancos sentaram Castro Alves, Fagundes Varela, Álvares de Azevedo!...Seja um deles...

(Hoje a Grande São Paulo vista de avião está completamente emendada, por casas de todos os lados. Mas na década de 20 para se ir de Poá rumo a capital significava uma aventura, com cantil de água, merenda e tudo mais. Saia-se de manhã não sabendo quando chegar. Assim sendo, estudar no período da noite em São Paulo e pretender voltar para dormir em Poá, nem pensar! Estava totalmente fora de cogitação)....

O jovem poaense chamava-se Thirso e era afilhado de um dos reis do café paulista, o famoso coronel Nhonhô, que havia projetado imponente residência na capital, cercada de sumaumeiras e precisava de alguém de confiança para dar andamento nas obras. Embora não entendesse nada de construção, Thirso um caipira poaense sem experiência nenhuma, que iria apenas estudar, poderia ser grande valia dada a confiança nele depositada pelo padrinho. Adquirindo ou apenas controlando a compra do material.

O que fez logo após ter chegado. Buscando o de melhor disponível na ocasião: mármore italiano, madeira da Letônia e tradicionais vitrais da Casa Conrado. O padrinho não havia pedido que não economizasse?...

Mal sabendo Thirso que tinha em mãos uma planta nada comum. A arquitetura do casarão era insirada na renascença francesa. Para ele, uma simples moradia...

—A mansão mantém as características do fim do século XIX!

Afirmou entusiasmado o engenheiro encarregado de tocar a obra...

Dia seguinte novas pesquisas, não de preço por que se o padrinho, o famoso coronel Nhonhô, não era homem de pechinchar, porque que o afilhado haveria de ser?

E dia após dia passou a acumular material para os cinco pavimentos que incluiam salão de baile, anfiteatro para 100 pessoas, capela de inspiração portuguesa e salão de música com balcão para acomodar os convidados de honra. Não era assim que o projeto mandava?...

Ha! Não podia esquecer os corrimãos e os móveis de madeira trabalhada, com a recomendação especial do exigente coronel Nhonhô, que em alguns pontos, as paredes e o teto deveriam trazer detalhes folheados a ouro...

Como ocupar o dia já tinha resolvido — mais dando ordens e broncas, pois nadava no dinheiro do padrinho — dali em diante Thirso teria que pensar na noite seguinte de estréia.

Reservada para frequentar o XI de Agosto do Largo de São Francisco, afinal não fôra essa a principal finalidade de sua saída de Poá?...

Fracassar, significava voltar e aprender com o joão-de-barro como construir.

Ou ficar observando bem-te-vis, quero-queros, pica-pau-beneditos e almas-de-gato, nos galhos dos arvoredos, como até ali fizera...

Depois de, na rede, debaixo da sobra do abacateiro em flor e repassar os jornais da época "O Estado de São Paulo", "Diário Popular" e "A Platéia", o afilhado do coronel Nhonhô acabou pegando no sono.

Embalado pelo belo canto do sabiá-laranjeira. Não ouviu o tico-tico, nem o tiê-sangue.

Sendo logo alcançado por sonho agitado e confuso com tijolo, areia, cimento misturado às "Arcadas". Viu José Bonifácio em pé, ereto parecendo ter um sorrido de bondade para toda aquela mocidade vibrante. Grupos trazendo suspensos em suas bengalas, lanterninhas japonesas multicores de formatos diversos. Gritando, berrando vivas aos grandes vultos da República e do Império:

—Viva Benjamim Constant! Viva Campos Sales! Viva o Marechal de Ferro! Viva Floriano, o Consolidador da República! Viva Deodoro da Fonseca! Viva o Barão de Ramalho! O Conselheiro Lafaiete! O Sinimbu!...

No sonho agitado encontrou-se também com o Negro Leôncio, no topo da escadaria!

Figura tradicional que visto com simpatia pelos estudantes, todas as noites ficava em frente da Faculdade de Direito, parado, em atitude de orador. Como estátua, posando para a posteridade. Cachaceiro contumaz, esbravejava, ameaçava. Em voz alta, constantemente provocava os engraxates estacionados ao longo da sargeta.

Que logo depois saiu capengando sob os olhares dos transeuntes habituados com as cenas diárias do Negro Leôncio. Vaiado pela garotada vendedora de jornais, dando passos apoiados no tosco pedaço de pau roliço que o auxiliava na marcha e o provavelmente o defendia das represálias. Notadamente dos insultos que proferia contra os italianos...

Quando certa vez o Barão do Rio Branco esteve em São Paulo afim de inaugurar na praça da República uma estátua de Álvares de Azevedo, aproveitou a oportunidade para visitar o velho "Templo das Arcadas".

Ao adentrar o largo de São Francisco o Negro Leôncio, como sempre de sentinela, postado à soleira de uma porta, viu o barão, ladeado por um bando de estudantes, acompanhado de Casper Líbero, Eduardo Vergueiro de Lorena, Quartim de Morais, Tapajós Gomes e outros que faziam parte da comissão para recebê-lo.

Ninguém poderia imaginar o que se passava na mente do espalhafatoso crioulo.

Ele esfregou os olhos e para verificar se não era sonho e gritou a pleno pulmões:

—Oh, Juca!...

E mais forte ainda:

—Oh, Juca Paranhos!...

O Barão do Rio Branco estranhou.

Quem poderia chamá-lo assim com tanta intimidade?

Voltou-se rapidamente e deu com a cara iluminada do Negro Leôncio suando a não mais poder. Todos se admiraram da audácia do atrevido pé-de-cana, menos o Barão que, reconhecendo-o, chamou e abraçou o velho amigo. Lembrando com saudade da sua mocidade ruidosa.

E da "república", da qual o Clemente (este era o nome de batismo do Negro Leôncio) fôra eficiente empregado. Tirando da carteira algumas cédulas, o Barão do Rio Branco entregou ao amigo, iluminando ainda mais, agora de felicidade, a fisionomia do crioulo agradecido.

O nome Leôncio, o velho que há muito tomava todas no Largo de São Francisco, havia tirado como homenagem, de um professor das "Arcadas" de quem era fervoroso admirador.

Do espólio do esclarecido mestre de Direito, que adotou o nome sem se preocupar com a responsabilidade que este lhe pesaria sobre os ombros, acabou herdando também sua enorme popularidade...

Pobre e inconformado Negro Leôncio, como foi pesado o fardo da sua vida. E o ferimentos de seus pés, nos espinhos e pedras do caminho...

Por fim, no sonho que parecia interminável, Thirso viu ele próprio, sendo ovacionado no Largo de São Francisco em frente das famosas "Arcadas", pelo entusiasmo da multidão estudantil.

Saudado por mocidade de olhos brilhantes irrompendo seu nome aos brados.

—Viva o inigualável mestre poaense!...

—Fala grande orador Thirso! Colosso paulista!...

Acordou com passos agitados dos peões da obra e insistentes pedidos dos pedreiros, atrás de mais material. E procurando contornar um problema sugido. O coronel Nhonhô mandara da sua fazenda, alguns trilhos usados no transporte de café, que deveriam ser aproveitados na construção, e ninguém sabia em que lugar. Além do sino de bronze, que seu pai usava para chamar os escravos.

Este sim, deveria ficar ao lado do casarão...

Na obra iam chegando telhas francesas, perfis metálicos ingleses, gradis importados da Bélgica, mármore de Carrara. Cortinas de veludo, **gobelins**, tapetes persas, afrescos, espelhos, bronzes, porcelanas Limoges, cristais Bacarat, bibelôs, quadros e esculturas neo-rococó.

Enquanto longe dali. No fim do agitado quarteirão, havia o barulho peculiar do rufo das escovas dos engraxates batendo nas respectivas caixas, chamando fregueses. Entre as ruas Líbero Badaró e Formosa.

Na visita ao centro de São Paulo, os colegas iam mostrando tudo ao recém-chegado Thirso.

—Um açougue neste trecho?

—É verdade. Raro mas tem, meu amigo. É o estabelecimento de um alemão que comercia lombo de porco e salsicha. Se bem que por aqui a carne especial é de outra qualidade e por preço muito mais alto...

O poaense se interessou. Ainda mais quando uma formosa e perfumada mulher, sorridente veio ao encontro do grupo para cumprimentar um dos rapazes...

—Esta é a garbosa florista espanhola Manolita Magallanes, a Nena!...Competentíssima...

—E este guapo **muchacho, mio mejor** freguês...Encantada, **senõr**...

A bela e atraente fêmea trazia com graça, enfiada no braço uma cestinha contendo rosas, cravos, violetas e viçosas camélias. Ao chegar-se junto de Thirso seu perfume misterioso misturou-se ao das flores frescas, perturbando o sentido do poaense. E ainda reforçou com irrecusável convite:

—Compareça a **mi** casa, **caliente** jardim florido acolhedor, para um cálice de licor. **Mucho** lhe agradará, **por supuesto**...

Thirso encantou-se com a figura estonteante da fêmea simpática, que sorria o tempo todo. Cara, sem dúvida! Pensou. E justamente por isso despertou sua cobiça, aguçou seu desejo. Por se tratar de fruto proibido para infeliz de poucas posses. O jovem manteve a mão perfumada no ar. Cheirou e deu o resultado:

—Afrodisíaco...

Um dos amigos vaticinou:

—Pronto! Adeus construção do palacete do coronel Nhonhô...Lustres de cristal da Boêmia, **art-nouveau**...

No anoitecer novas investidas do jovem deslumbrado, disposto a descobrir segredo de alcova da capital. Visitar os "Templos de Vênus", como chamavam as casas de prostituição da época. Após encontro no Café Brandão (hoje o edifício Martineli) de onde foi levado pelos amigos da Faculdade do Largo de São Francisco, afim de percorrer a vida boêmia de São Paulo, que tanto falavam...

Atravessando por chapelarias, comércio de bengalas e guarda-chuvas, lojas oferecendo "roupas brancas para cavalheiros", outras que expunham colarinhos duros, altos e virados tipo "Santos Dumont". Sem faltar vendas de óculos e **pince-nez.** Alcançaram a "Pensão Dorée", de um tal Dario Dal Panta, também conhecida como "42", da rua de São João (avenida do mesmo nome). Prédio assobradado que trazia no alto: **pension pour artistes,** ali moravam belas francesas, descritas na época como "contendo aspecto apreciável, porém de reputação suspeita"...

Onde as mais recatadas, da janela cumprimentavam educadamente quem passava, enquanto outras arrojadas, por meio de acenos escandalosos convidavam direto para subir. Os convidados, antes de entrar, tomavam mil e uma preocupações, olhando antes à esquerda e à direita, disfarçavam e, de repente, numa espécie de mergulho atiravam-se escada acima.

Medida obviamente não tomada, quando o grupo era composto de estudantes em gritos delirantes...

Uma passada também pelo "15", onde ficava a "Pensão da Lola", que arregimentava em sua casa apreciável numero de "inquilinas" afim de alegrar visitantes. Mais alguns passos adiante e chegaram no "Eldorado", rinque de patinação frequentado por damas alegres que exibindo passos exóticos desfilavam suas curvas estonteantes. Tanto para rapazes, como para aqueles que já sentiam as ferretoadas do reumatismo...

Visitam as casas de prostituição da rua Conselheiro Crispiniano e conversam com suas proprietárias. Numa delas são atendidos por madame Nina, que apresenta a todos a linda condessa Lina Bani, sua mais famosa pensionista. Linda e fatal. Um grego, famoso professor de esgrima que a conhecera, apaixonou-se perdidamente por ela, a ponto de, por ela desprezado, preferiu, a viver sem seu seu amor, matar-se.

Na rua Conselheiro Crispiniano, acabaram descendo para casas das nacionais, uma delas a "69", da proprietária Maria Cavalheira e outra a "71", da Negrinha. Sendo que num desses prédios famosos pela numeração, morava a "Vovó do Pito", a mais famosa prostituta da velha São Paulo...

Depois do almoço, como de costume deitado na rede e observando o andamento da obra da mansão, Thirso folheia os jornais. Percorre de ponta a ponta o "Correio Paulistano" e o "Comércio de São Paulo", no "Amanhã", encontra finalmente o que procurava. Uma propaganda, para lhe ajudar a conquistar a mulher que tanto o deslumbrara. A espanhola Nena, não saia da sua cabeça...

Sem demora parte para a rua Aurora, passa a Livraria Teixeira, onde na porta está exposto o poema de Almeida Júnior, "Monção", referente ao rio Tietê:

"Vai partir a Monção. Na água do rio,
Coalham-se embarcações para a derrota.
Longe a bruma se esparça e, fio a fio,
Vai subindo à feição de uma gaivota"...

Finalmente Thirso entra na "Joalheria De Sanna". Onde logo escolhe por entre brilhantes, esmeraldas, rubis, safiras e águas-marinhas engastados em anéis, brincos, cruzes, pulseiras, **pentantifs e** gargantilhas, de elevados preços, aquela jóia que melhor combina com o majestoso colo da formosa estrangeira que tanto o enfeitiçara...

A sociedade paulistana estava a postos no teatro e o cronista social da época descrevia em voz baixa, para o "foca" não muito familiarizado, que iria transcrever a notícia em seu jornal.

—Nas frisas e camarotes vêem-se Plínio Prado e sua excelentíssima senhora dona Lucila Prado Pacheco e Chaves, Antonio Prado e excelentíssima senhora dona Eglantina Penteado, Caio Prado e excelentíssima senhora dona Antonieta Penteado da Silva Prado, Monteiro de Barros e excelentíssima senhora dona Hermínia da Silva Prado, Ernesto Ramos e excelentíssima senhora dona Marieta Chaves da Silva...

O "foca" pediu um tempo mais alongado para anotar tudo direitinho ou seria sua expulsão do diário em que labutava de sol a sol. O informante resolveu encurtar nos detalhes.

—Famílias Albuquerque Lins, Conde Asdrúbal do Nascimento, Washington Luis, Rodolfo Crespi, Júlio de Mesquita, Firmiano Pinto, Inácio Penteado, Pádua Sales, Cerquilho Malta, Baronesa de Arai, Souza Queiroz, Lacerda Franco, Numa de Oliveira, Francisco Laraia...

Esquecendo de anotar Thirso e Nena...

O poaense sem largar mais da espanhola e obedecendo a todos os seus caprichos, não podia deixar de comparecer naquele importante evento. O da "Companhia Italiana de Ópera", que estreava com sucesso na Paulicéa.

E mais, ao encontrar um amigo na saída do teatro, não fez segredo:

—Estou disposto a levá-la para Poá...

—Quem, a ópera?...

Retribuiu o amigo distraido.

—Não! A Manolita Magallanes, a minha Nena, afim de conhecer meus pais...

Naquela noite depois de ótimo jantar regado a vinhos finos, eis o Thirso na ampla e confortável cama. Que saciado, afastara com o corpo as pernas longas e os seios fartos da espanhola, sonhando novamente.

No mesmo teatro. Primeiro um **saleroso passe-doble,** enche o ambiente com sua notas alegres, revelando mantilhas andaluzas, touros castanholas sob o ardente sol da Espanha. Depois surge, a garbosa Manolita Magallanes com um cravo na boca vermelha. Esvoaçante mantilha enrodilhada sobre os vigorosos seios cheios, volumosos, de pé, e ela, ágil mal pisando o palco.

Num gesto galante saúda a platéia que a recebe de baixo de um turbilhão de calorosas palmas. Sapateando, dança a **malagueña,** balançando o corpo, acompanhando-se ao estalar contínuo das castanholas. O povo, aplaudindo grita fora de si:

—**Salerosa! Bendita sea tu madre**!...

A multidão delira sem parar:

—Preciosa!...

Nena continua dançando.

O saiote faz-lhe um círculo ao redor do tronco. Mãos ao alto, à altura da cabeça, parece uma linda flor emergindo do seu cálice. A um **olé**, de repente estaca. Tem o busto firme, empinado, a cabeça para trás, mãos nos quadris, triunfante sorri fitando a platéia...

Com a revoada de palmas, o teatro parece vir abaixo.

Ofegante Manolita Magallanes tem nos olhos um brilho estranho, suas narinas movem-se felinamente e de seus lábios entreabertos saem doce palavra:

—Como te amo, Thirso...

O palco cobre-se de flores e Nena a passos lentos, esmaga as pétalas que vem beijar-lhe os pés...

Um cavalheiro bem apessoado chega até ela, com enorme **corbeille** e atrás dele parte da sociedade paulistana, masculina. Desta vez composta somente de importantes homens de negócio de São Paulo. Golas dos casacos, levantadas e mãos enluvadas. Figuraças quatrocentonas de prestígio.

No meio deles: Lineu de Paula Machado, Galeno Martins, Egberto Penido, Gastão Jordão, Druso Pompeu do Amaral, Guilherme Rubião, Manuel Olímpio de Albuquerque Lins...

Quando todos estão prontos para seguirem em direção de suas casas, dispostos a enfrentarem o brilho da garoa paulistana a cair peneirada de um céu nevoento e baixo, eis que batem na porta do quarto.

Thirso acorda assustado e mal vira a chave, dois vultos entram furiosos: seu pai e o pior. O coronel Nhonhô, seu padrinho, aos gritos de que o jovem poaense o deixara quase falido...

Adeus vida boa de vinhaças e bacalhoadas sem fim, da avenida Liberdade! Adeus estudo nas "Arcadas"! E alto saber jurídico!...

O ex-estudante voltou à Poá para suar no arado, vasculhando as terras do pai.

A garbosa florista espanhola, cansada de incendiar e pisar corações, continuou sua lida percorrendo as ruas da capital virando a bolsinha de flores.

O palácio só foi terminado em 1937 e Nhonhô não chegou a aproveitar tamanha suntuosidade. Morreu dois anos antes da conclusão da obra.

A viuva se mudou para lá com os seis filhos. A queda do preço do café afetou os negócios da família e o imóvel acabou sendo transferido para o Estado.

O casarão histórico, construido para rivalizar com outros que dominavam a Avenida Paulista, permanece imponente até hoje no bairro de Higienópolis.

O arvoredo em torno, magnífico conjunto composto de angelins-da-mata, ingazeiras e carapanaúbas, desapareceu.

Lendas espalhadas, dão conta de que dois suicídios teriam acontecido no palácio do coronel Nhonhô, por isso fantasmas até hoje são vistos vagando pelos seus porões e corredores...

CHAPADÃO DO ENCONTRO

—Não tenho preferência por religião. Meu contato com Deus é pessoal. Sem intermediário...

A conversa com a pessoa que tinha a faculdade de visão sobrenatural, famosa cartomante para uns, para outros simplesmente Talísia, a baixinha vidente poaense moradora em cabana de pescador na beira do rio Tietê, dessa vez havia sido marcada em enorme chapada. E sua franqueza como sempre, desagradava a alguns...

Mais precisamente no Chapadão do Encontro, extensa clareira de capim rasteiro que parecia não ter fim, chegando a atingir para além do Cambiri. Num rancho com aspecto de total abandono. O porque, da longa distância, outra incógnita. Mais uma exigência da extranha e misteriosa mulher, que chamavam cigana, sem ser na realidade?

Paranormal incompreendida, vivendo fora dos tempos do avião a jato. Adivinha levando a fama de conviver solitariamente em rancho mal-assombrado, com monstros e fantasmas, onde sossegadamente pitava cigarrão preparado por ela, contendo sabor de loucura. A mulher de pequena estatura, a contar histórias do outro mundo, que ninguém por ali entendia. Envolvendo almas penadas, principalmente quando relâmpagos anunciavam tempestades, na beira do Tietê com fartura de rãs e peixes.

A molecada dizia que a pequena "bruxa", mesmo quando não estava na "sua carruagem de fogo", não dispensava o pano enrolado na cabeça, para não mostrar o furo.

—É por ali que ela na verdade, respira...

Afirmava, o sardento Bento, sobre a mulher sabe-tudo. Revelando medo nas suas estórias.

—A "feiticeira" assalta canoeiros e é amiga da encardida "Porca-dos-Sete-Leitões"! Com quem aprendeu a soltar fogo pelos olhos nariz e boca...

Reforçava convicto o Bidito sobre a vidente.

Cabeça de criança, povoada de lendas e mitos. Outro, vivendo pesadelos em que se via constantemente cercado de demônios, próprios da idade. Quando não estava montando tupé (arapuca) para caçar rolinhas, juritis e saracuras.

—Dança nua em noite de lua cheia, na beira do rio, atraindo quem passa pelo seu rancho! Depois já viu, vira caveira e plóc, era uma vez!... Engole sem piedade quem assiste o seu bailado! É a "Iara" de Poá!...

A informação já partia de adulto, pois crianças amedrontadas não beiravam o Tietê, de acarás, jejus, bicudas e o esperto martim-pescador, no escurecer.

As mulheres que não saiam de casa, eram tão ferinas quanto os homens que vasculhavam o rio em busca do que desse de piramutabas a mucuís, de ponta-a-ponta.

Sem conhecer pessoalmente a especialista em cenas futuras, difamavam Talísia, de várias formas, confirmando a capacidade do povo para inventar histórias do sobrenatural:

—Vi a pequena serpente de fogo, "Boitatá", no centro de Poá, hoje! Deixou por pouco tempo de assombrar as águas...

—Ainda bem que foi de dia. Durante a noite seus olhos viram diamantes...

—A maldita cigana não estava de camisolão branco com vela acesa na mão? Ver de perto a "Mula-com-cabeça", que quando não elimina pelo olhar, mata a coice quem encontra, credo!..."Mula" mesmo, é filha de padre...

—As vezes ela passa despercebida, a alma penada vem para o centro disfarçada de simples cachorro peludo. Ainda bem que não saí de casa hoje. Encontrar com a "Cuca" cigana poaense, Deus me livre!...

Insatisfeitas, passavam para a macumba, sem conhecer a mulher:

—Talísia? Aquilo é um exu, dizem que passa parte do tempo fumando charuto, bebendo pinga e preparando no terreiro de seu rancho, poderosos despachos...Ali tem de tudo: marafo, galinha, farofa, bode preto...

No entretanto, a mulher praguejada ainda procurava ajudar os outros, curando a sua maneira.

Possuia em seu rancho, no meio da tralha de pesca, redes, anzóis, potes de barro contendo remédios caseiros. Quando não, no caramanchão anexo a moradia no meio de mariposas, formigas-de-fogo e belas orquídeas "orelhas-de-burro", sacos de folhas, ramos, raizes, cipós, de vegetais medicinais, prontos para o manuseio.

De cássia, malvaisco, pagimiroba, tiririquim, caapomonga. Fazia milagres com seu famoso bau-de-ervas curativas. Dentro sempre contendo guardados: alfavaca, salsaparrilha, sucupira, tapiá, cardo-santo, erva de bicho, pariparoba...

Suas garrafadas de plantas aromáticas para banhos de cheiro, também eram famosas. Obviamente no meio, daqueles que nela acreditavam. Levava vindicá, mão-de-onça, pataqueira, cipó-catinga, orisa, trevo-cumaru, boiuçu, japona-branca, mangerona e casca-de-cedro.

Tudo isso, colocado numa bacia com água e levada ao sol durante alguns dias. Prazo cumprido, a infusão deveria ser coada em pano fino. E estava pronta, para ser engarrafada a procurada água-de-cheiro. A especialidade da casa, só podia ser usada nas noites de São João, Santo Antônio e São Pedro. Isto, depois do corpo ser lavado, com água pura da fonte...

Parteira, na verdade pouco solicitada, mas Talísia também era do ramo. Conhecia a profissão. Muito solícita quando pediam em benefício dos menores da região. Receitava a sua maneira:

—Sarampo? Chá de sabugueiro!...Pintar em cima dos olhos da criança com raiz de açafrão é bom!. O sarampo não ataca por ali...

Para idosos recomendava:

—Tome uma colherada de sucuúba com mel de pau, contra a tosse que o atormenta!...Vai ver como logo estará curado...

E o que a mulher que profetizava, tinha a informar naquele dia no Chapadão do Encontro, fugia de todas as maldades que diziam dela. Como da vez anterior que se pronunciou sobre as divisas da cidade, a mulher mal afamada, só queria o bem do lugar que tanto a maltratava:

—É sobre o símbolo do Poá do futuro, que quero falar hoje, almejando pleno sucesso para todos...

Iniciou Talísia, como saudação. Sem bola de cristal, nem preparação psicológica. No claro e sem contar com a presença de alguém, do além para auxiliá-la. Dessa vez não procurando as águas do Tietê para se concentrar e acertar na previsão. Olhando para o firmamento deu continuidade, na visão que tinha para aquele dia:

—Uma época promissora, está para vir, augurando muito progresso com as bençãos de Deus, a esta localidade modesta que não mais será simplesmente Poá como hoje conhecemos! E sim, num futuro mais próximo do que podemos imaginar, uma grande cidade! Temos que para isso, idealizar com urgência, um Brazão de Armas e Bandeira, que deverá indicar através de símbolos, toda a garra e a vontade do povo poaense...

—O que deverá constar nesse brazão?

—Um escudo clássico português poderá ser adotado, como início, significando nossa origem lusitana! É importante e de fundamental importância. Faz parte da História. Engrenagens simbolizando o trabalho, também tem que entrar no desenho. A constelação do Cruzeiro do Sul, não poderá ficar de fora! Indicará a posição astral, com cruz de estrelas emoldurando o céu da pátria! Colinas verdes representando o acidentado terreno e um filete de água cristalina, obviamente deverão fazer parte...

A adivinha de pequena estatura, se empolgava cada vez mais:

—Rosas e uvas deverão estar presentes representando nossa produção agrícola, já que os peixes de hoje, em abundância vão desaparecer um dia...

A baixinha vidente, entristeceu com a previsão sobre a extinção. Deu uma engulida em seco e prosseguiu:

—De necessidade também, serão as bandeiras que deverão ser colocadas nas laterais do escudo, para demonstrar o civismo do povo de Poá. A brasileira e a paulista. Porém, mais ainda importante, serão os dizeres em latim numa faixa: "**Audatia Parvuli Vincunt**". Significando: "Os Pequenos Vencem Pela Audácia"...

O DEPUTADO

1925. A fresca manhã anunciava esperança de horas claras, sem uma nuvem sequer no vasto horizonte. A velha praça de Poá umedecida de orvalho e perfumada pela brisa das capoeiras, exibia a fartura vegetal da época. Através de arvoredos imponentes, outros menos; grossos cipós, ramagens rasteiras, gramados extensos, folhas e raizes. Araçá, candeia, bugreiro, cambará, guapeva, jacatirão, olho-de-cabra, mulungu, rabo-de-cutia, maricá, angelim-amargoso, aroeira-branca. Em abundância.

O dia era alegre na região e boa parte das pessoas simples que ali se reuniam, preparavam-se para caminhar até o centro de Itaquaquecetuba, Itaquá ou simplesmente Capela.

2 de maio. Data da tradicional festa de Santa Cruz. Que remontava à fundação do aldeiamento, e possuia a festividade religiosa na antiguidade, duplo objetivo, catequizar os nativos e integrá-los na comunidade da aldeia de Itaquaquecetuba.

Dança das mais antigas, representando manifestação indígena e que consistia numa reza iniciada ao pé do cruzeiro na praça principal no centro de Itaquaquecetuba acompanhada de batidas de pés e mãos ao toque da viola. No final, uma forte exclamação seguida de estouro de rojões.

Depois os tocadores percorriam a cidade repetindo a reza em cada cruz enfeitada de flores, que encontravam ns porta dos devotos, ocasião que tomavam as bebidas ofertadas pelos visitados...

Outra finalidade da comitiva poaense, era mostrar a um político recém-chegado, que Poá tinha sido apenas um dos principais bairros, da enorme Freguesia de Itaquaquecetuba. Cuja divisa ia de Mogi das Cruzes a Santa Isabel. Que incluia Suzano, Ferraz de Vasconcelos, Arujá, Igaratá e outros municípios hoje de grande projeção.

—Político de que partido, PR ou PRP?

—Não importa, o que conta é o que dizem. O homem tem prestígio e vai ser bom para nós, para o lugar...

Tropeiros e romeiros iam chegando em grupos e enfileirando animais ao correr da cerca. Enquanto o sol no ocaso amaciava-se nas pastagens e no verde do campo que se estendia pelo leito do rio Tietê a fora.

O político já havia distribuido cartão de visitas para todos onde trazia em letras douradas: Deputado Riolando Sindrache.

Apresentando em seguida a irmã, Purezinha.

Mas foram surpreendidos quando iniciaram contar sobre a localidade. Descobriram logo que o homem bem relacionado nas esferas da capital do país, o forasteiro acompanhado de sua irmã, conhecia tudo sobre a região:

—A fundação da Paróquia de Nossa Senhora da Ajuda em Itaquaquecetuba deu-se em 1779. A 28 de fevereiro de 1838, foi ela elevada a categoria de Freguesia Curada por lei provincial, para a primeira divisão das terras dessa freguesia. Que aconteceu a 18 de junho de 1832, através de Autos de Divisão requeridos pelo Juiz de Paz da aldeia de Itaquaquecetuba ao então bispo de São Paulo, dom Manuel Joaquim Gonçalves de Andrade...

O deputado passou os dedos sobre o nariz adunco, ajeitou o chapéu-feltro cinzento sobre a cabeça chata de araponga e prosseguiu:

—A primeira venda de terras, oficializada, foi autorizada no dia 29 de outubro de 1910 por ordem do arcebispo de São Paulo, dom Duarte Leopoldo e Silva. A autorização foi requerida pelo presidente do Conselho de Fábrica padre José Afonso Zartman...

Sua irmã, a delicada Purezinha que o acompanhava, cuja presença criara um reboliço nas rodas masculinas, parecia indiferente olhando para uns e para outros, simplesmente. Seu pensamente parecia distante. O deputado sem perder o fio da meada continuou:

—Aqui preciso explicar que fábrica na época, era o rendimento aplicado ao culto de uma igreja. Conselho composto de padres e leigos sujeitos à aprovação do bispo, e cujas funções se limitavam exclusivamente à administração dos bens de uma paróquia. E fabriqueiro, obviamente, o encarregado da fábrica de uma igreja...

Caboclas de vestidos engomados ajeitavam-se de vez em quando para lançar olhar de inveja sobre a bela forasteira. Enquanto um dos rapazes que não podia ver sáia diferente que se engraçava, admirando a candura de Purezinha e sua silhueta esbelta, com o outro que convidara para molhar a garganta, iniciava a conversa em tom baixo:

—Que acha para casamento?

—Muito água morna.

—Melhor assim! O que você quer? Uma das tais francesas que de vez enquando vem para Poá consolar viuvo velho e rico? Uma **caliente** espanhola da rua São João, na capital?...

—Vou tirá-la já para dansar! Não vou deixar ela comer pirão no banco...

Alheio a conversa dos dos jovens, o deputado Riolando Sindrache prosseguia:

—Os primeiros compradores oficiais das terras de Itaquaquecetuba foram José Monteiro Diogo, João Augusto de Miranda, Joaquim Pedro Fernandes, Cândido Alves, Benedito Rodrigues de Godoy e Carlos Alexandrino de Moraes, totalizando 4.000 contos de réis. As escrituras eram então feitas pela Igreja Católica, dona de todas as terras da Freguesia de Itaquaquecetuba. Cujos bairros principais eram naquele tempo, além de Poá: Cuiabá, Pinheirinho, Mandi, Perová e Ribeiro...

A tarde continuava caindo serenamente com cavaleiros chegando e levantando poeira fina pela estrada batida. E alegres vozes anunciando famosos:

—Chegou o sanfoneiro Tomé...

—Também o violeiro Aristides!

—Acompanhado do repentista Ananias! Hoje teremos folgança grossa, catira da boa!...

A bela fêmea bem vestida continuava indiferente olhando o azul desmaiado do céu, aparentando não estar muito interessada na rapaziada que a olhava de longe. Enquanto o irmão político continuava:

—A economia daquele tempo, basicamente em torno de roças de subsistência e madeira existente em grande quantidade. Com o passar do tempo, foram chegando novos estrangeiros montando olarias, chácaras de verduras, estaleiros de barcos, além de produzir carvão, que transportavam para São Paulo e Guarulhos, através de batelões movidos a remos e varejões, singrando diariamente o lendário rio Tietê, mais antigo ainda: Anhembi...

Sons de sanfona e pandeiro ao relento. A maneira que a noite estrelada foi desdobrando seu manto sobre a paisagem, a festança da Dança da Santa Cruz ia esquentando. Rojões estrondavam, afugentando cães vadios que ganiam aterrorizados desembestando mundo afora. Impedindo de se ouvir as vozes melancólicas de ladainhas cantadas se aproximando na praça varrida e enfeitada.

Acenderam enorme fogueira. Alguns trouxeram batatas e mandiocas para assar nas brasas. E os meninos que brincavam de chicote-queimado passaram a correr em torno da caieira de paus roliços.

—Noite feita, é chegado a hora dos "causos", minha gente!

Gritou alguém.

—De preferência com assombrações, monstros, duendes, bruxas, lobisomens, cucas e bichos-papões, que surgem de todas as partes! Almas do outro mundo! Do "Capelobo" ao "Curacanga"! A "Cobra-Norato", o "Barba-Ruiva", o "Mapinguari", Quanto mais melhor! Então vou iniciar pelo ladrão de crianças, o "Canhambera"! Assim não vai ficar mais nenhuma por aqui, perturbando a gente com corre-corre e gritaria...

Um outro alertou:

—Esse tal, não é também assombração daqueles que morrem de pancadas? Não vi mas já ouvi falar. Tem a forma exquisita, metade homem metade cavalo! Além de agredir caçadores, possue a capacidade de ressucitar animais mortos. Homens, ele mata impiedosamente...

—Virgem Maria!...

—Meu São Benedito!...

—Prefiro algo sobre o "Tibanaré". Aquele ser de feições macilentas que pede um pedaço de fumo no entardecer. Em outras ocasiões ele aparece na forma de passarinho encantado. Quando passa a noite, ouve os pedidos que as pessoas lhe fazem. Realizado o pedido, um homem vem ao anoitecer, cobrar o pedacinho de fumo...

O cruzeiro iluminado por velas em castiçais compridos como imenso oratório, clareava as rosas de papel e os frisos dourados das palmas simbólicas.

Assim como a coleção de imagens de santos de todos os tamanhos, entre flores descoradas.

As preces subiam num véu misterioso de súplica para os céus distantes, através de cantos melancólicos, até que o festeiro interrompeu comunicando aos gritos:

—Agora chega de reza minha gente! É hora do bate-pé!...

Algumas cabeças de gado pontilhavam de branco e preto a vastidão dos campos esverdeados poaenses coalhados de tabocuvas, suinãs, cássias-aleluia e camboatás. Na casa caiada muito confotável, com amplos jardins na frente e pomar atrás, uma voz se destacava:

—Não há registro em livro algum, em nenhuma paróquia, por mais que se procure, que tenha sido o padre Anchieta o fundador de Itaquaquecetuba e por tabela das terras poaenses. Na verdade, esse missionário idealizou a criação de onze aldeias em redor de São Paulo de Piratininga, que foram administradas pelos jesuítas...

Explicava Riolando Sindrache já mais ambientado pois fazia meses que vivia em Poá sondando negócios. Ele e a irmã Purezinha.

Desta vez os dois encontravam-se numa festa de São João em uma das hospitaleiras casas poaenses. Onde a bem vestida jovem vindo da capital, agora juntamente com amigas que tinha feito, sorrateiramente ganhavam o terreiro para quebrar ovos nos copos de água e colocá-los no relento afim de que a configuração da clara lhes predissesse o futuro...

—Por favor, deputado, continue sua prosa que está interessante...Vamos deixar para lá essas bobageiras femininas de tirar sorte e ver casórios em ilusórios recipientes...

Pediu um jovem interessado. Riolando Sindrache não se fez de rogado:

—Em consequência de uma violenta epidemia na época, dissolveram-se em 1563, cinco aldeias, entre elas uma chamada de Guarapirtanga. Os moradores desse local foram primeiro à aldeia de Carapicuíba e de lá seguiram para Itaquaquecetuba. Depois, por alvará real e por ordem do capitão procurador dos índios, Fernão Dias Leme, transferidos para São Miguel, onde os religiosos já haviam inaugurado uma igreja...

A anfitriã preocupada com os convidados, ia de um lado a outro verificando nas longas mesas enfeitadas e atulhadas de pratos multicores, se tudo corria bem, até que derrubando o copo do político, interrompeu-o. Este aproveitou para enchê-lo novamente e prosseguir:

—Nas terras da aldeia de Itaquaquecetuba, formou o venerável paulista padre João Álvares, uma propriedade sua, ganha como presente por ter ele contribuido eficazmente na construção das igrejas de São Miguel e Conceição dos Guarulhos...

Pratos apetitosos em infinita variedade, iam sendo saboareados, aumentando a satisfação geral dos convidados e as bebidas revelando os segredos da alma.

Porém, nada parecia deter o influente homem da política, em suas seguras explanações históricas. A cada momento reunia mais interessados em torno de si, alguns seriamente de olhos faiscantes pelo assunto:

—Em Itaquaquecetuba, ele construiu em 1624 a capela sob a invocação de Nossa Senhora da Ajuda. Nesse dia, 8 de setembro de 1624, é que passou a ser considerada a data de fundação da cidade, pois é quando a liturgia da Igreja Católica comemora o dia da natalidade de Nossa Senhora Senhora, ali invocada como Nossa Senhora da Ajuda...

Lânguidos ponteados de viola surgiram na sala. Saudosos de um bom cateretê alguns foram formando a dança, provocando barulho de sapateados.

Nem assim o deputado deu tréguas ao seu falatório. Apenas chamou os ouvintes para o canto, um pouco distante da música:

—Com a morte do fundador João Álvares, tudo foi legado aos padres do Colégio de Santo Ignácio, em São Paulo, que construiram uma pequena residência anexa à igreja. Dali, dirigiram durante um século, a vida religiosa da aldeia e da vizinhança. Controlando tudo, de nascimento à morte de seus habitantes...

Um distante canto de galo lembrou o batismo do santo. E imediatamente carregado pelas moças, entre hinos plangentes o andor de São João saiu da casa em festa, na direção do terreiro. Pares em pequena procissão, amparavam com as mãos recurvadas a luz das velas que conduziam, para que a brisa não apagasse. Pois de acordo com a crendice, a chama representava a vida de cada um até o São João seguinte.

A fantástica procissão no negror da noite do terreiro da enorme e confotável casa poaense, como colar de brasas seguindo o santo, melhorou para que o político com a corda toda, dessa continuidade.

Quanto mais bebia, mais falava e agora melhor ouvido devido ao número reduzido de pessoas na sala:

—O que faziam etc, no regime de sesmaria — instituido pelas ordenações manoelinas e afonsinas, com o intuito das distribuição das terras em porções chamadas sesmos. E obrigar o proprietário negligente a lavrar a terra tornando-a produtiva...

Pediu nova bebida e prosseguiu:

—Na região, além da Festa da Santa Cruz, outras festas de então eram muito respeitadas e seguiam sempre datas certas: a do Divino em 29 de agosto, a de São Benedito, em 17 de maio, a do Sagrado Coração em 26 de junho, e a de Nossa Senhora da Ajuda, padroeira do lugar, e comemorada no dia 8 de setembro...

A sanfona choramingava.

Alguns dormiam e babavam, quando não palestravam molemente. Para despertar o sono, rapazes pulavam o braseiro da caieira desmoronada. Um crioulo sacudido e bastante alcoolizado foi atrás. Pulou descalço para provar que o fogo de São João não queimava pé de negro...

Alguém pediu poesia. Que cada um expusesse a sua ou de poeta qualquer. Desde que fossem versos, para homenagear as águas históricas do rio ali próximo...

Uma jovem iniciou com "Tudo Azul", de Paulo Setúbal:

—É o Tietê!...Borbulhando as turbulentas vagas,
Que de tão longe vêm, para tão longe vão,
Bufando em gorgotões, espumarando as fragas,
Entra pelo trevor bravio do sertão!...

Outra preferiu citar Batista Cepelos, no poema "Progresso":

—Meu ingênuo Tietê! O progresso o apavora!
Por toda a parte vê traves e encanamento,
E, por isso, a tremer, todo nervoso, implora,
Que lhe não vão tapar o azul do firmamento!
Antes nunca deixasse o veio transparente,
Em que um dia nasceu e até hoje bendiz!
Ah! Corrente fatal. Ah! Teimosa corrente,
Que o fez grande demais para ser infeliz...

No perfume adocicado de murtas e alecrins, trazida pela brisa fresca da noite para madrugada, as moças voltaram correndo para a sala afim de contar aos presentes, os resultados revelados nos copos com água.

—O meu mostrou um barco, com a vela bem desenhada. Isso mesmo, um navio. É viagem na certa!...

Contou uma delas com suspiro largo.

—Vi um retrato: significa vida longa...

Afirmou outra com os lábios contraidos.

—Fortuna, ao que entendi no meu copo...

Concluiu uma terceira sacudindo os ombros e querendo despertar inveja. Sentando sobre velha canastra de couro, onde a anfitriã por certo guardaria suas roupas, a delicada Purezinha não se conteve. Caiu em lágrimas ao revelar o seu:

—Uma espécie de cortinado. Acho que não. Talvez um vestido de noiva! Casório, enlace! Isso mesmo, não tenho dúvida: é casamento à vista!...

Na época era comum, jovens da capital procurarem a "localidade que se elevava nas encostas do vale do Tanquinho": Poá, para seus piqueniques dominicais.

E a alta sociedade de Mogi das Cruzes, prestigiava. Comparecendo com frequência, tanto nos eventos políticos, quanto nos festivos, de toda a região.

A notícia espalhou-se rapidamente depois daquela noite na festa de São João. A delicada Purezinha pretendia casar-se em Poá!...

Tanto que seu irmão o deputado Riolando Sindrache já havia assumido compromisso na compra de bela e enorme chácara cercada de carobas, mirindibas, aguaís e jacarandás-bico-de-pato, onde pousavam sanhaços e azulões, revoavam barulhentos periquitos e maritacas.

Tudo ia bem até que um delegado aposentando-se na capital, resolveu morar definitivamente em seu rancho na beira do rio Tietê, em terras poaenses.

Um dia indo para o centro, reconheceu a dupla.

—Não é possível! — Comentou o farmacêutico Crescêncio. —O senhor tem certeza disso, doutor?...

—Absoluta! Que deputado, que nada! E muito menos irmãzinha. Cansei de prendê-los nas minhas rondas noturnas em São Paulo...

—Inacreditável, tão distintos e cultos...

Estarreceu-se a esposa do homem da farmácia.

—Dupla do barulho! Ela é a famosa Anacigana das rodas boêmias da capital e ele, Dô Sicupira, seu gigolô...

Completou a autoridade com sua costumeira frieza, enquanto a mulher do farmacêutico avermelhava com o termo rude.

—E agora o que o doutor delegado vai fazer? Que providência vai tomar?...

—Por enquanto nenhuma, já que eles até agora não praticaram crime algum por aqui. Mas vou ficar de olhos abertos, como não são flor que se cheire, por certo os vigaristas vão aplicar algum golpe. E vocês que fiquem encarregados de avisar os fregueses e amigos, a verdadeira história do falso deputado e sua comparsa. Alertem a pacata população...

O delegado pediu uma conversa reservada com Crescêncio, já que o assunto era muito pesado para a doentia e cheia de pudores dona Creusa, esposa do farmacêutico, ouvir. Principalmente no que se referia a palavra cafetão, que iria usar muito e poderia chocá-la mais ainda.

Uma bebida forte foi providenciada nos fundos do estabelecimento, para que os homens ali isolados ficassem a vontade: pinga com limão, sem açucar (e obviamente, sem gelo). Não demorou para o delegado tomar também a palavra:

—Quer saber tudo?

—Pois claro! O seguro morreu de velho e o desconfiado ainda vive...

—Vamos lá! O rufião Dô, possuia também outras mulheres mais sob seu comando e controle e tudo com o consentimento de Anacigana, que iniciou sua vida devassa fazendo ponto no **Boulevar** Líbero Badaró. Próximo ao "Eldorado" rinque de patinação frequentado por alegres damas da noite. Depois virou o "Cassino Paulista" que hoje explora o gênero "Café-Concerto". Ali fazia apresentações de poses plásticas, porém tão escandalosas que a polícia proibiu a bem do decoro público a exibição da artista nos seus números de plena nudez...

—Em pêlo?

—Integral, nem sequer sob a nudez crua da verdade, havia para disfarçá-lo, um tênue manto diáfano da fantasia...

—Um deslavado nú, então...

—Sim, completo e avivado ainda pelo auxílio de fortíssimos refletores, que mais realçavam suas formas perfeitas e lascivas, até que finalmente um pano de veludo negro que a boca da cena lhe caia, imitando Frinéia, quando certa vez se apresentou nua, no explendor de sua formosura, aos juizes do Aerópago...

—Emocionante! — Babou o farmacêutico só em pensar, derramando mais cachaça com limão no copo da autoridade. Murmurando:

—Um templo de perdição, em pleno tempos modernos, onde impera a tentação da carne e o fascínio da beleza...Para entrar no popular: e a atriz peladona!...

—E a polícia obrigada a vendar os olhos dos assistentes, com o esparadrapo do pudor, meu caro...Enfiando as vezes com violência, pela boca adentro da bailarina, o bridão da moralidade...

Outros goles de pinga e novas revelações:

—Mais tarde Anacigana, escoltada por Dô, surgiu no "Bataclan", uma casa sombria, acachapada, encimando um arco em gambiarras, com imensa entrada e imenso corredor, aumentando a frequência da casa de espetáculos com sua presença marcante...

A explanação foi interrompida pela entrada da mulher do farmaceutico trazendo alguns salgadinhos.

Mesmo de boca cheia o delegado deu continuidade:

—Dai em diante, a devassa Anacigana fez amizade com outras beldades que fascinavam os jovens endinheirados paulistanos, alegrando as noitadas frias e garoentas da cidade. Juntando-se a estrangeiras famosas como a elegante Maria Grangeé, a espirituosa Jeanne Caillaux, a inesquecível Jenny Cook, a Inez Alvarez no seu apogeu de beleza clássica, a fascinante Aurora Rosane, Rosita Grega, que incendiava corações, a graciosa Maria Cabaret. Chegando até as barulhentas Alice Cavalo de Pau e Benedita Flor do Chá...

O delegado parou para um fôlego, novos salgadinhos e retornando a bebida deu continuidade também a prosa:

—Anacigana, sempre protegida pelo seu rufião Dô Sicupira que não a largava por nada deste mundo, deu espetáculos de nudez também no "Politeama", casa austera na sua aparência, porém folgazã na intimidade. Outro antro de depravação indiscritível, onde em noites de gala, nas frisas, camarotes ou nas torrinhas abarrotadas, a platéia seleta regorgitava ansiosa, o público rude urrava pela sua presença nua...

—Mas que coisa, em delegado, o que era na verdade a delicada e engraçadinha Purezinha...E o deputado, então? Que malandrão! Escapamos de refinados espertalhões, graças a sua observação. E agradecemos...

—Uma pena, porque o homem é culto. Além de professor, um exímio pianista! Bem apessoado e falante. Bonito, simpático e elegante, como vocês observaram. Uma lástima, que assediado pelas mulheres, tenha desviado o rumo de uma vida promissora...Descambando para viver facilmente, da prostituição e do rufianismo...

—Isso mesmo... Mas o que se há de fazer?...

Lastimava o farmacêutico mais por sempre ter perdido aquelas cenas eróticas da capital. E cachaça em cima da autoridade aposentada que cansada das lembranças e encharcado por dentro, boca mole, finalmente encerrou com cenas da capital:

—Lá fora, o rodar de carruagens. A turma depois do espetáculo subia a ladeira em direção aos lares, aos cafés, aos restaurantes, onde a esperava a ceia reconfortadora...

Em terras poaenses, o casal de vigaristas que alertado por alguns, acabou não concretisando negócio alto nenhum (pelo menos ninguém se queixou), misteriosamente como havia chegado, desapareceu.

Ficando apenas na lembrança de todos, quando declamou muito bem, na festa da noite de São João, o poema "A partida das naus", de Vicente de Carvalho:

—E o rio, manso, manso...A embalá-las, descendo,
No balanço sutil da mole ondulação,
E a arrastá-las, de leve, assim, para o tremendo,
Para o longínquo, vago, infinito sertão...

Em Poá, o homem ficou conhecido como, O de puta, Do.

Aventura para alcançar Poá, motorizado em 1911. Motorista, cobrador, fiscal e garoto, para ajudar com água e merenda aos passageiros. Ou com luxo e comodidade.

CAMA DE MÃE

Quem surgia por ali de vez em quando, era uma mulher fascinante. Loira, nua e sensualmente maravilhosa. Poucos se atreviam a pisar no trecho em noite de lua cheia. Quando os relâmpagos anunciavam tempestades então, nem pensar...

Aparecia e dançava nua para atrair os homens. Fascinados eles corriam em sua direção, a loira se transformava em caveira e os devorava. Quantos tinham assistidos tal cena? Todos que frequentavam as xibocas cobertas de zinco, da beira do Tietê, em Poá. De pescadores atrás de acarás, curimatãs, tambuatás e aracu-rajados, a simples roceiros moradores nas imediações.

Quando não, eram os duendes remexendo as águas que avolumavam o rio de pavor...

Em Poá diziam também que existia uma porca que vivia com seus leitõezinhos, revirando as matas de paus-santos, pojós e jacuarangas, que beiravam o Tietê e principalmente onde as estradas se cruzavam.

—Hoje ela é uma porca mas já foi uma linda mulher, com sete filhos belos e saudáveis.

Exclamou assustado um dos pescadores enquanto na hora da folga, remexia a horta entre canteiros de verduras, cuidando de couve, alface e rabanete. Deixando a enxada por um momento, ergueu as mãos trêmulas para o céu, dando ênfase no que dizia.

—Se era! Eu que a conheci, e muito bem, antes da transformação, posso confirmar...

Comentou outro pensativo, que remendava a rede de pesca, sob a copa do arvoredo centenário. Abanou a cabeça e silenciou.

Um terceiro preparou-se para reforçar. Antes espantou uma abelha solitária que agitando e zunindo o incomodava. Completou após parar de mover-se:

—Foi um feiticeiro daqui mesmo, poaense famoso, o autor da mudança...Por isso que a "Porca-dos-Sete-Leitões" agora solta fogo pelos olhos, nariz e boca...

Encerrou um dos pescadores levando a mão ao chapéu, após passar o lenço encardido sobre a testa suada.

A conversa descontraída prosseguia entre pescadores e lenhadores, enquanto voejavam libélulas nas barrancas do Tietê, abundante de águas límpidas e fartura de peixes. Rico em espécies, das mais variadas.

E o ar por toda a extensão do rio, permanecia abafado...

Sobre borboletas e colibris, não conversavam...

Em torno do balcão, nas intermináveis rodadas de cachaça comentavam sobre monstros dos mais diversos. Como por ali não tinha castelos, mitos e fantasmas povoavam a beira do rio. Imensa galeria deles. Do "Boitatá" a "Cabra-cabriola". De "Currupira" a "Curupera", pequeno índio de cabelos vermelhos, com os pés voltados para trás. Até um pavoroso ser primitivo, atlético, um olho só, de monstruosas e afiadas unhas.

—Desse tal, escapei por pouco...

E um dos pescadores deu uma parada para coçar o estrago feito pelo carrapato no braço, e ao mesmo tempo pedir combustível para continuar...

—Nossa, o tinhoso é forte de mais, gente! É capaz de derrubar a murros uma montanha! Beber o Tietê todinho e até transportar florestas se quiser!...

O outro ficou em silêncio, olhando fixamente. Tomou um fôlego e se atreveu em perguntar:

—Quando o monstro aparece?

A resposta veio tranquilamente:

—Não tem dia certo. Depende...Quando a pessoa menos espera, o bicho surge alucinado tentando pegar o descuidado...

—Tem também a "Cobra-grande"...

Sorriu e voltou a cabeça.

—Essa nunca vi, somente ouvi falar...

Franziu a testa.

—Pois perdeu uma das grandes..."Serpente de fogo" que mora nas águas...Bicha da noite que absorve a luz de todos os olhos que devora...

Fez horrorosa careta.

Acompanhou-o, um sorriso de infernal ironia. Fazendo com que o outro completasse com voz lenta e arrastada.

—Credo, essa é pavorosa mesmo! Deus me livre e guarde...

Até o lampião tremeu sobre a mesa. O canário que dormia na gaiola, acordou.

—E aquele um tinhoso, espírito de gente ruim solto pela terra, que vive tacando fogo nas matas! Nunca ouviu falar nele?...

Seu rosto assumiu imediatamente uma expressão de descontentamento.

—É parece que sim...Mas evito tocar no assunto...Sabe como é...Quem tem, tem medo...

—Pois sim, e quando ele é pego com a boca na botija então, vira um cão! Sai pelo espaço a fora feito rojão de tocha acesa...

Afirmou com voz suplicante.

Enquanto alguém chegou-se ao grupo e fitando todos tristemente indagou cheio de espanto:

—Por falar em cão, vocês nunca encontraram por essas águas poaenses, o "Caboclo-dágua" virando embarcações, assombrando e matando?...

Ar piedoso, procurando papo.

—Graças ao Poderoso, de um desses escapei por milagre, na curva quando a gente vai para Itaquaquecetuba, numa sexta-feira santa! Que pavor, "seu" moço!...Um caboclo baixo e musculoso, cor de cobre, rapido nos movimentos e sempre enfezado?...

—Esse mesmo!...pior que a "Mula-sem-cabeça", tendo no corpo uma cruz de cabelos brancos...

Foi respondido com bravura.

—Essa, ainda leva também um facho luminoso na ponta da cauda. Passa sempre por aqui...vai matando a coices, todos os infelizes que encontra...

A cachaça rodava de vagar entre os ribeirinhos de Poá, sem pressa nenhuma de abandonar a "vendinha" da beira do rio Tietê. Quanto mais o tempo passava, seres misteriosos pareciam multiplicar-se em suas bocas, fraquejando as pernas. Testa molhada. Dos poros minavalhes o suor do terror, fazendo com que o pulso batesse descompassadamente ao narrá-los com intimidade.

—O "Papa-figo" então não gosto nem de citar seu nome. Me arrepia todo! Falo porque vocês tocaram no assunto cabeludo. Não é destas bandas ribeirinhas. Faz ponto nas saídas de escolas, parques e jardins. Disfarçado de bonzinho atrai crianças para comer seus fígados.

Contorcia os dedos, seu olhar fixou-se no chão.

—Isso é verdade! Pior do que a "Cuca", o "Lobisomem", o "Saci-pererê" e o "Bicho-papão", juntos!

Um dos homens saudoso, lágrima cintilando em seus olhos apartou com muita seriedade:

—Ah, sim, desta última entidade malígna me lembro muito bem, até hoje. Não é a tal que chupa o sangue de criança não batisada? Minha mãe cantava a canção a respeito. Quando me embalava...

Um débil sorriso iluminou por breve instante, o rosto de rugas na testa e pés-de-galinha, desgastado pela vida.

Fez um movimento brusco e mandou larga talagada da birita pura e barata, de uma só vez. Para aguentar a retranca. Estalou a língua e fez careta. Depois de limpar os olhos marejados tentou lembrar:

—Sai, "Bicho-papão"
de cima do telhado,
deixa o menino,
dormir sossegado...

Não resistiu repetir o verso.

Caminhando tropeçando por entre tarrafas, redes e varas; pá, enxada, foice e outras poucas coisas do dia-a-dia, foi chorar afastado, saudoso da cama da mãe.

Um sopro de vento fresco ainda acariciou seu rosto inchado, envolto em roto cobertor de lã cinzenta, quando foi soluçar alto, longe dos colegas.

Enquanto o sol derramava seus ultimos raios sobre a mata poaense e desaparecia...

LUGOLINA E ZABELÊ

Era um tempo em que as mulheres tinham nomes de, Creusa, Normélia e Anézia, e não Luan, Dana ou Roana.

Depois chegaram as Marialvas, as Claudirenes e as Venus. Martha, com agá, era o máximo do luxo que dava para encarar na época, em que o pescador profissional poaense ao remexer em acarás, jaús e pacus, se queixava com o colega Creito.

Mal sabendo ele que tempos depois, além de Maria, viriam Mária e Mariá e até uma tal Maráia...

—Você acha que a Aryane, a Alana ou a Alinka, podem querer alguma coisa comigo? Da mais velha a mais nova, qualquer uma delas, pode se interessar por mim?

Amuado, referia-se às tres filhas do ricaço de São Paulo, que tinha casa de campo em Poá.

O amigo Creito, foi franco:

—Acho pouco provável...

Ambos na beira do Tietê, consertando barcos, remendando redes e sem preparar iscas. Numa só miséria.

—Por que?

Indagou o carrancudo pescador, azedo desde o dia em que nascera.

—Por que? Ora por que!...

Entrou de sola o amigo Creito, completando:

—Que pergunta mais sem sentido! Primeiro por sua causa! Você já percebeu que anda tratando mendigo de Vossa Excelência! Ou não notou ainda que vive chamando urubu de meu loiro e latindo no jardim para economizar cachorro, há muito tempo?...Acorda! Cai na real! Mire-se no espelho! Assim não dá, homem de Deus...

O pretendente permaneceu tristonho e cabisbaixo.

—E em segundo, pela cara sempre enfezada daquele que você pretende ter como sogro. O que me diz do humor de cão, daquele homem? Quando contam uma piada para ele, não se sabe nunca se ri da piada ou de quem contou....

—Foi bom ter esse encontro com o amigo Creito. Pensando bem, eu estava mesmo para desistir do tal namoro, já que estou de fato roendo beira de penico! A Alana é muito novinha, eu descarto. Já pensou, depois do casamento, como eu teria que lidar com a Aryane ou a Alinka, com esses nomes exquisitos e complicados?

—E dai? Nome é tão importante quanto cuica em velório...

—Concordo com o amigo Creito. Mas ainda se fossem Lugolina e Zabelê...

ARMAZÉM DO "SEU" ÉSSA

A moda do momento era possuir sítio ou chácara para repouso, em Poá. De preferência com vistas para o Tietê, nem que fosse um simples rancho, uma humilde tapera. A fim de ficar despreocupadamente pescando piaus e papa-terras, ou ouvindo ao lonje as batidas do monjolo...

E o português, o "seu" Éssa, juntara o útil ao agradável. Tinha ótima moradia na beira do rio e "venda". Assim chamavam sua casa de negócio. Um mais ou menos bem sortido, armazém de secos e molhados, na beira da estrada Rio-São Paulo.

Onde o Éssa — assim era chamado pelas expressões que usava constantemente: "óra, poços" e "éssas coisas"

— ajeitando o chale no pescoço fino, sacudindo a cabeça e umedecendo com saliva os lábios entreabertos, ficava a disposição da distinta freguesia, das primeiras horas da manhã as últimas da noite.

Num puxado em meia-água da "venda", forrado de zinco, picumãs e teias de aranha, o português recebia os fregueses mais chegados. Destinado a palestras com caboclos da roça, pescadores e tropeiros, além de sitiantes da redondeza. Nas tardes mormacentas, em que sentavam sobre caixas, latas vazias de querosene e couros de boi extendidos, ao redor de lampião fumacento equilibrado sobre uma velha e sovada barrica.

Ali eram expostos os disquedisques, as fofocas da época, vitórias do Poaense (Associação Atlética Poaense, fundada em 1 de junho de 1928), com descrições de sensacionais jogadas do Fuga, do Maneco, do Galupi, e até casos de escoltas policiais procurando malfeitores, que exporadicamente passavam pela estrada do cedro-vermelho.

Sem contar histórias das coisas feitas, proveniente de feitiçarias bravas, aparições fantasmagóricas, correntes arrastadas pelos forros de casas abandonadas, diabruras do "Saci-pererê" e estrepolias da "Mula-sem-cabeça"...

—Tem arnica?

Arriscou um negrinho de canela fina, interrompendo a conversa de adultos.

—Ora póços, aqui não é botica. Éssas coisas!... Cada uma que se vê por aqui!...

O escurinho ágil como um serelepe, virou as costas e sumiu estrada afora. Em tempo de escapar do pior...

O caboclo Alaor, de pernas ainda bambas, após um reconfortante trago da branquinha, contou a novidade do dia, isto é, da noite. Havia passado por Poá uma assombração!...E das mais apavorantes...

—Ora póços! Éssas coisas, como é possível?...

—Onde?

Interrompeu Nitão, olhos acesos e com gesto brusco, atropelando o dono do armazém.

—Na encruzilhada grande, junto da cruz da figueira velha!...

—Logo ali? Já vi no exato ponto, um braço seco cair do ar e fincar sem dó nem piedade em cima da cabeça da mula que eu montava! Vote, cobra! Te esconjuro!...Não tinha corpo, somente o braço escuro e mirrado, segurando um toco de vela apagada...Na minha frente...

Alertou Nitão que de pardacento ficou pálido como papel, temendo a má recordação. Automaticamente procurou com os olhos, um oratório próximo onde pudesse orar para Santo Onofre. Ao menos se tivesse ao alcance da mão, uma canecada por menor que fosse, contendo chá de hortelã com erva cidreira, para tirar-lhe daquela aflição.

—Não seria um copo a mais...

Interpelou o gaiato Ciríaco, que não acreditava em nada, quanto mais almas do outro mundo, sentado sobre o saco de farinha ao lado do rolo de fumo, recebendo admoestação geral através do pedido de silêncio absoluto, que o assunto era por demais sério.

—Ora póços! Éssas coisas! Deixem o homem contar, afinal ele veio até aqui para isso!...

—Vim mesmo. Como vinha de uma festa, perto da meia noite, quando já tinham se recolhido cuiuiús e arapongas; emas e seriemas, iniciou o barulho de tropa aos corcovos... Pois é, mas por favor, "seu" Éssa, põe no meu copo um labrado acima do risco, que fico agradecido...E se segura que a coisa é braba! Como vinha contando, a cavalada parecia sem rumo...De repente, nada mais que de repente eis que surge na frente, ultrapassando a tropa, uma "Mula sem cabeça", soltando fogo...

—Se era sem cabeça, por onde soltava fogo?...

Interpelou o inoportuno e descrédito Ciríaco, outra vez, a fim de perturbar o papo.

—Pelo, pescoço cortado, é claro, não é...

Rematou Alaor mais que depressa. Bebendo lentamente o que ficara no fundo do copo.

A "venda" mergulhou em silêncio.

—Só tive tempo de me encostar no barranco e quase a malvada sem enxergar, me pisou. Se não sou ligeiro evitando atropelamento, não estaria agora contando o sucedido...

—Valha-me Santo Emetério! Que coisa...

—Tinha que fazer o "Nome-do-Padre", de imediato para não ficar descadeirado...

—Meu São Bom Jesus do Pirapora...Pai do céu...

Aproveitou a deixa, o Nitão outro experiente nas coisas do além. Ficando de pé, e nervoso foi logo se benzendo. "Seu" Éssa, depois de ajeitar o chale, passou a mão pelo bigode. Apenas um dos presentes mantinha leve sorriso, troçando as crendices de Alaor, o Ciríaco. Até que desabafou:

—Assombração? Não acredito! Cuidado é com os vivos! Estes sim, assombram...Bobagem de criança! Tenho 50 anos e nunca vi cuca nenhuma, nem negrinho de uma perna só, com cachimbo e barrete vermelho, por estas bandas poaenses até o Jundiapeva...Este mundão de meu Deus, em que sempre vivi...Só creio no que vejo e pego...

A noite estava escura, com poucas estrelas pontilhando o céu e cedo ainda para que os galos anunciassem a madrugada, na mata de ingazeiras e juazeiros, onde pousavam biguás, biguatingas e baguaris.

O assunto em pauta continuava: os mistérios de Poá, descritos por Alaor. De certa entidade que sapateava sobre os ranchos sem ser visto, ao boi com asas e chifres de ouro. Tendo de pronto a confirmação do Alaor.

—Esse então, de tanta beleza, é de meter medo!...Seus olhos são de puro diamante...

Mas foi o "Mãe-de-ouro" que causou estupefação no caboclo Alaor, ao descrevê-lo:

—Um passarinho amarelo que, quando canta, esparrama ouro a seu redor e paralisa as pessoas que passam perto...

Depois de permanecer por horas na venda de "seu" Éssa, ouvindo o que Alaor tinha para contar, com a aprovação de Nitão e a paciência do português, o gosador e descrente Círiaco, tropeiro destemido e experiente, afamado da Capela a Arujá e Santa Isabel, caminhava por estrada deserta, quase alcançando seu rancho. Pequenino, que mal dava para abrigar cargas e cangalhas.

Depois do último gole, jogou fora a garrafa vasia, quando após um tropel repentino e furioso, conheceu de longe seu animal de estimação. A égua Catita, em disparada, e vindo na sua direção.

Cavalgava-a, um vulto embrulhado em lençol, abrindo os braços como morcego, em atitude aterradora!...

Ao se aproximar de Ciríaco, um tilintar de esporas do cavaleiro anunciou algo e eis o animal estancando na sua frente. O fantasma que a montava a égua, desferiu um gemido trêmulo e alucinante que, derrubou o laço da garupa no matagal rasteiro e fez pássaros assustados voarem por entre ramos do arvoredo que beirava a estrada.

O caboclo Círíaco não se apavorou com a cena, que até então só ouvia e quase sempre saindo da boca do Alaor, gritou:

—Chispa, da minha frente, seja o que você for!..Caveira bailando com almas do outro mundo, não é comigo! O que é isso, afinal, brincadeira? Se for, é de muito mau gosto! Suma, ou vai se arrepender...

Sacando a garrucha, apontou. Como não notou reação alguma, disparou em direção do cavaleiro fantasma...

O vulto, composto de animal e quem o montava, num gemido de angústia, cavernoso e prolongado, voltou nos pés e desembestou ainda mais rapidamente do que chegara.

Enquanto Círiaco prosseguiu sua caminhada em direção ao rancho. E ao chegar já foi notando coisas fora do lugar.

A porteira fugindo do costume estava aberta. Dirigiu-se a cocheira onde dormia a Catita e encontrou o animal assustado e molhado de suor. Passou a mão sobre sua crina e a égua refugou, parecendo não o reconhecer...

Mas foi ao entrar no rancho que teve a maior surpresa.

O vento passou a malhar descompassadamente portas e janelas. Do precário telhado ouviam lúgubres assobios, como guinchos de morcegos ou ratazanas. Sobre pelegos e baixeiros, a lamparina trêmula a fumegar, mantendo a torcida fora de prumo. Ciríaco, chegou a sacar novamente a garrucha da cinta, enquanto estalidos secos e ranger de portas mal fechadas prosseguiam. Foi ainda com a arma de fogo na mão, que pela primeira vez apelou aos céus. Estarrecido com o que via:

—Valha-me Nossa Senhora da Abadia! E todos os poderosos santos da sua corte celestial...

Deitado na cama, no formato de jirau, seu filho tremia o queixo feito cateto. Febril e abobado, mantinha o olhos arregalados. Estatelados e segurava o braço sangrando. Alegou não saber bem o que acontecera, pois tinha certeza que não saira de casa. Apenas sonhou que havia sido assaltado na estrada e acordou com barulho de gambás brigando no telhado.

E realmente estava ferido a bala...

Falava baixo, chamando por quantos santos conhecia e lembrava:

—Acuda-me São Bento! Valei-me São Cipriano...

O pai, desesperado, largou a arma e procurou debaixo da cama, o bau da "puçanga" (como chamavam os medicamentos da drogaria do sertanejo, compostos de cascas e raizes), para socorrer o filho...

Na tarde seguinte "seu" Éssa mais uma vez calmamente tentava por entre sacarias de sal, açucar, feijão e farinha, arrumar e separar na prateleira, suas mercadorias. Das mais diversas, possíveis e imagináveis.

De um lado caixas contendo sabão, pares de botinas, embalagens com cordas de viola, anzóis, cigarros (cujos maços eram abertos e vendidos um a um) e fumo em rolo. Peixe-salgado, espelhos, perfumarias em geral, chumbo e pólvora. Querosene e formicida.

A espera da fiel freguesia, que no horário habitual, chegava de mansinho, pelo único caminho feito carreiro de paca. Sovado e espesso tapete de folhas e gravetos secos estalando sob seus pés. Como bando de rolinhas, sedentas para tomar a água que passarinho não bebia...

Tanto naquela tarde, prometendo noite de luar, quanto nas outras escuras que vieram. Durante os bate-papos enfumaçados por cigarros de palha, na "venda" do "seu" Éssa, e o inseparável chale desbotado pelo tempo, nunca mais os "causos" fantasmagóricos, contendo aparições de assombrações, foram interrompidos.

A não ser por quem ansiado não se continha e gritava: Valha-me Deus! Crus-Credo! E Ave-Maria!...

Contestados, nunca! Encarados seriamente, jamais sofreram depois daquela data, qualquer sombra de dúvida ou pilhéria, por menor que fosse...

A RESPOSTA DO PADRE

Aconteceu em Poá, no ano de 1935, quando o Padre Eustáquio não era ainda conhecido em todo o Brasil e internacionalmente. E nas horas de folga cuidava de alecrim, coentro, sálvia, manjericão, salsa e cebolinha...

Ele chegou para tomar conta da igreja e as beatas correram logo ao seu encontro. Uma delas, para contar as fofocas sobre as roupas de algumas frequentadoras, avançadas demais para a época.

O bondoso sacerdote ouviu, viu e não se fez de rogado. Dependurou na porta do templo um aviso: "O vigário dá boas-vindas à todos. Julga, porém, de seu dever informar que não há piscina dentro da igreja. Não sendo pois necessário, visitá-la em trajes de banho!"...

Uma das beatas, das mais agitadas, vendo que o religioso havia atendido suas queixas, passou a contar também sobre a situação em que a paróquia se encontrava.

Tratava-se ao que parecia, dada a aflição da mulher, de uma crise financeira que nada remediava. Afirmando desesperada, que ela e suas colegas haviam tentado de tudo. E não tinha solução, segundo a falante beata.

—Nem festa, muito menos quermesse! Bailes, torneios esportivos, como jogos de futebol Poaense versus Concórdia e outros expedientes do gênero deram jeito!...

Pedindo então encarecidamente, ao bom sacerdote recém-chegado, que lhe apresentasse qualquer sujestão salvadora. Ao que o autor de tantos milagres futuros, respondeu afastando as folhas de louro que mexia:

—Por que não experimentam um pouco de religião?...

Dias depois, voltam as beatas a reclamar com o Padre Eustáquio. Informando que o sacerdote perdia tempo, com seus esforços, porque a igreja naquela localidade, para elas, estava definitivamente "morta".

Tomando ao pé da letra, o sacerdote largando sua horta de hortelã e manjerona, anunciou então que sendo assim, ia fazer os funerais da igreja, no domingo seguinte.

No dia marcado, a capela ficou repleta de curiosos, que deparavam com enorme caixão de defunto coberto por flores. Depois de encomendar a alma da "falecida", o padre anunciou, que aqueles que quisessem podiam prestar seus ultimos respeitos e abriu o esquife.

Fez-se imediatamente longa fila, e cada pessoa que passava e olhava dentro, virava logo o rosto sem jeito. Envergonhada mesmo! No fundo do caixão, o Padre Eustáquio havia colocado um espelho...

SOBRENATURAL DE SOUZA

Os mitos poaenses da beira do Tietê, eram dos mais variados e cabeludos, naquele tempo em que as "vendinhas" nas barrancas do rio, ferviam no fim da tarde, de pescadores profissionais e seus exageros. Mas as crendices e superstições da caboclada, não eram privilégios dos ribeirinhos, atrás de acarás-açu e mandis.

Quando por passagem pelo "Bar do João 70", no centro de Poá, no término do dia, fossem cocheiros (que guiavam carroças e charretes), tropeiros (que cuidavam do gado pelas estradas), pedreiros e mesmo o pessoal vindo da roça, sítios e chácaras, no trato diário com a enxada, o assunto preferido de todos eles era o sobrenatural.

Estavam inluidos o "Cresce-míngua", pequeno ser que ficava junto das porteiras dos ranchos na beira do Tietê. Quando alguém se aproximava, ele aumentava de tamanho chegando a atingir quase dez metros de altura. E que de repente, sem motivo aparente, desaparecia nas curvas das estradas ou simplesmente caminhava sobre as águas do rio.

Figurinha fácil, quase todos já tinham visto. Nem ligavam mais...

Além de homens do outro mundo, avistados constantemente pelos ribeirinhos, carregando uma rede, que ao invés de pesca, era de transportar defunto. Enquanto um outro ia ao lado espetando o morto com objeto ponteagudo.

Para se livrar desse tipo de assombração, só rezando. Aí, "A rede" e seus carregadores, passavam sem fazer mal algum...

Em seguida vinha a "Canoa-fantasma"! De arrepiar os presentes bebedores. Recolhia a alma daqueles que morriam afogados...

—Não conheço porque não morri ainda...Mas o "Pilão-de-fogo", acho tão poderoso quanto ele. Deixei para trás certa feita, a mil por hora! Quando suas labaredas percorriam ruas e estradas, queimando quem cruzasse seu caminho...

Um outro frequentador do "Bar do João 70", tomou as rédeas do assunto:

—Para mim o mais tinhoso, é o "Galo-depenado".

Olhou com simpatia. Ar despreocupado.

—Valei-me, meu São Gonçalo! Não sei desse...

Confessou um levantando-se com altivez e virando o copo de vinho tinto, tipo pinta-porta, rapidamente.

—Não? — Exclamou com vivacidade. — Pois então ouça. Um enorme galo que se apodera dos bens dos usurários, depois de matá-los...

Outro preocupado e enfurecido:

—Muita gente aqui em Poá, vai ter que se cuidar...

Insistiu meio irritado:

—Barbaridade Isso é muito sério. —Pondo as mãos em concha gritou: — Mais uma aqui por favor, "seu" "João 70"!...

—Mas o "Cavalo-das-almas", ganha desse aí, com certeza! Ele vai pelos caminhos recolhendo os mortos recentes. As almas vão embora em sua garupa...

—Credo em cruz...

—Sou mais pela "Mãe-de-cabelo". Mulher de porte elegante, vestida de branco. Suas mãos são faixas de cabelos sedosos e macios. Assombra as crianças que urinam na cama, passando-lhes a mão pelo sexo.

—Que Santo Expedito me proteja! Vejam só...

Como as horas não paravam, assim como assombrações na boca dos frequentadores do "Bar do João 70", um deles resolveu encerrar a galeria exposta de almas do outro mundo, a mando do dono do bar.

—De tudo que se comentou aqui, para mim nada é mais sério do que uma delas. Não só na região, como por todo o Estado de São Paulo. A impressionante a alma do padre, que vaga por toda parte...Recuso-me até a dizer seu nome...

Comunicou o caipira, se encolhendo de medo. Pediu ao "João 70" uma última dose da pura, acima do risco do copo. Dedicou a clássica quantidade às almas, inclinando ligeiramente o copo no balção, até cair um pouco do líquido...

—Aquela assombração de rancho de encruzilhada, que surra tanto pescadores quanto tropeiros desocupados?...Sei de sua fama, conheço de sobejo e não tenho receio de dizer seu nome: "Padre Aranha"!...

Confirmou o outro. Que prosseguiu contando, de repente, sem que ninguém espera, surge o tal "Padre Aranha", agredindo vadios, com grossas correias.

—Vai-te! Tinhoso do inferno...Cruz!...

—Bem, vamos encerrar o papo, que é tarde, está na hora de fechar o estabelecimento comercial deste seu amigo e criado.

Solicitou educadamente o "João 70", quase sussurrando no ouvido de cada um. E não notando reação de que iam sair, um rubor de irritação subiu-lhe ao rosto, emendando alto:

—Vamos lá pessoal! Deixemos o restante de sobrenatural para amanhã, que é outro dia...Antes que as cigarras comecem a iniciar sua música...

Mesmo assim não se viu livre dos fregueses.

—Tai! Gostei do nome...

—Qual, do temível "Aranha"?

—Não, Sobrenatural! Meu filho está para nascer, e acho que esse é o nome indicado. Bonito e soa bem...Vai combinar com meu sobrenome: Souza!

Lindas mariposas começavam esvoaçar em bandos, enroscando-se por entre as teias de aranha que pendiam do teto do bar. A escuridão da noite esperando aves noturnas aumentava a solidão que vinha dos arvoredos do que ainda restava da mata bruta poaense e do imenso sapesal, parecendo sem fim. Sobre um grosso toco de jacarandá a cobra papa-ovo dormia tranquilamente enrolada, até que o grito áspero do gavião surgiu para atrapalhar seu sono...

ESTRANHA BEATICE

—Gato quando tem fome demais, come até sabão...

Resmungava o baixinho e pançudo Cáio, mastigando um naco de leitão a pururuca, feito no capricho, de comer rezando. A parte maior ficara em bandeja sobre o oratório rústico de madeira, onde eram rezadas as ladainhas com pedidos para São Jerônimo.

Na mastigação, era a única hora que embora não parasse de mexer com a boca, não emitia som.

—Por falar sem parar e depressa como papagaio, é que apelidaram-no de Papacáio.

Diziam um.

—Por ser muito carola e fã do chefe da Igreja...

Atestava outro...

Tinha recebido indicação geral.

—Quer saber sobre igrejas de Poá? tem que consultar o Papacáio...

—Sabe tudo...

—Uma enciclopédia humana sobre religião local...

—Memória de elefante, além de possuir em casa, um bau-arquivo centenário...

—Extremado religioso. Excessivamente devoto...

—Beato, até...

—Beato só? Quase um santo, o homem. Puro como só ele!...Sem vícios, nem maledicências...

Confirmavam os amigos. Confessando: havia um porém. O homem era chegado num bom vinho acompanhado de excelente assado, para destrambelhar a língua como mandava o figurino. Não fazendo questão, podia ser só o pernil ou leitão inteiro. E pão precisava ter, além de umas poucas bananinhas de sobremesa...

Levado o mini-banquete, com garrafão de vinho, copos, talheres, guarda-napos e tudo mais para sua casa, Papacáio recebeu o pesquisador, sem camisa, com bentinho de São Lázaro pendurado no pescoço, quase alcançando a enorme barriga, de missário e escapulário em punho. (Aquela tira de pano que os frades de algumas ordens trazem pendente sobre o peito). Mal chegando iniciou a falação sobre o assunto desejado.

Tendo logo sido aprovado.

De fato igrejas de Poá, ele conhecia todas. Discursava sobre a Capela de Santa Cruz, com intimidade de pasmar. Sabia inclusive a fundação, em 1910, daquele que tinha sido dos mais antigos templos religiosos de Poá:

—Construida em terrenos da chácara dos Viana. (Quase onde hoje se encontra a portaria do Abrigo

Batuira). Pequena, de pau-a-pique e dedicada ao culto da santa do mesmo nome...

O homem era antigo. Mas se conhecera pessoalmente também o fiel devoto e zelador da igrejinha, o proprietário de terras poaenses na antiguidade, Antonio Bueno, não era do conhecimento dos amigos. Como também desconheciam que Papacáio tivesse qualquer conhecimento referente a constução da capela, que alguns antigos presumiam, tivesse sido levantada pela própria dona Albina Maria de Jesus, antiga proprietária daquelas terras. Mas o homem sabia. E mais, passando para a capela de Santo Antônio:

—Naquele tempo, mesmo com a existência da Capela de Nossa Senhora de Lourdes, os moradores de baixo da Estação ferroviária, decidiram fundar outro templo católico no povoado. A Capela de Santo Antônio...

Que Papacáio também afirmava conhecer bem sua história. Mostrava precisão nos detalhes. Afirmando até, que a pequena igreja teria recebido provisão de celebração de missa, no dia 6 de junho de 1923...

E provava, remexendo o velho bau. Quando a memória falhava, Papacáio apelava para o infalível arquivo....

De fato, o templo religioso, reconstruido na década de 1920 a 1930, passou a denominar-se Capela de Santo Antônio, em homenagem ao padroeiro do matrimônio. A reforma que a transformou até o estado atual, além da ajuda de várias famílias religiosas, contou com participação efetiva de Vicente Guida, que lá introduziu as imagens de Santo Antonio e São Vicente de Paula...

Estava tudo ali, sacramentado no seu baú.

Arquitetura da época. Predominavam as pequenas casas, com materiais de fácil obtenção no local: tijolos, areia, telhas. E residências finas de abastados da capital, para férias ou fins de semana.

Sobre a Capela de Nossa Senhora de Lourdes, Papacáio então era um mestre. Conhecia com detalhes. Que muito antes da expansão demográfica de Poá, já se pensava construir um templo religioso católico. E sabia até quem mais havia batalhado por isso:

—O subdelegado Sebastião Ferreira dos Santos, que doou o terreno para a obra da capela! Quer saber os termos? Tenho toda a documentação para provar...

Nova remexida no enferrujado bau de ferro e jacarandá de onde voltou rapidamente com um papel amarelado na mão. Colocou os óculos, espantou moscas e mosquitos que o importunavam e já foi lendo:

—"Saibam quanto este público instrumento de escritura de doação virem, que no ano de nascimento de Nosso Senhor Jesus Cristo, de mil novecentos e quatorze, aos vinte e sete dias do mês de maio, deste Distrito de Itaquaquecetuba, Município de Mogi das Cruzes, Estado de São Paulo, que no lugar denominado Poá, em casa de residência do senhor Sebastião Ferreira dos Santos, onde eu escrivão do Juizo de Paz, servindo de Tabelião na forma da Lei, fui chamado e perante a mim, compareceram o senhor Sebastião Ferreira dos Santos e sua mulher dona Benedita de Abreu Santos, como doadores"...

Papacáio deu uma parada. Respirou fundo, mandou para dentro quase meio copo de vinho. Tirou uma lasca do leitão, mastigou e mal engulindo prosseguiu:

—"E como aceitante, o fabriqueiro da igreja Matriz de Nossa Senhora da Ajuda de Itaquaquecetuba, Carlos Alexandrino de Moraes, residente neste Distrito, com autorização do Exelentíssimo e Reverendíssimo, senhor Dom Duarte Leopoldo e Silva, Arcebispo Metropolitano de São Paulo, todos reconhecidos pelos próprios e das testemunhas, adiante nomeadas e abaixo assinados, que dou fé, perante as quais pelos outorgantes doadores me foi dito que são senhores e legítimos possuidores do terreno no lugar denominado Poá"...

Papacáio deu outra parada para nova puxada no fôlego que estava rateando como motor velho. Não tocou no leitão dessa vez, mas erguendo o copo entornou-o quase todo. Logo continuou:

—"Pelos doadores me foi dito que por sua livre e expontânea vontade e sem constrangimento de pessoa alguma, nesta data fazem a doação do dito terreno ao

Arcebispo para o fim destinado, de ser edificado uma Capela com a invocação de Nossa Senhora de Lourdes”...

Papacáio ainda perguntou:

—Quer saber quem foi o escrivão destes termos?— E ele mesmo respondeu. —Francisco de Paula Fernandes e as testemunhas: José Ferreira de Araujo Guedes e Francisco Maria Caropreso...

Deliciou-se com vasto pedaço da carne saborosa posta em seu prato e para acompanhá-la, como não podia faltar: mais um copo cheio do delicioso vinho tinto.

O final da história, quase todos os presentes conheciam, mas o homem fez questão de contar:

—Algum tempo depois os religiosos poaenses reuniram-se, juntaram suas economias e angariações e levantaram o templo religioso da comunidade. No dia 27 de junho de 1916 na Matriz de Itaquaquecetuba, foi passada a provisão anual para celebração da missa em favor da Capela. Época em que a povoação não passava de raras casas comerciais na vizinhança da estação ferroviária e outras residências esparsas. Envoltas por matas de caoba, embira e pau-de-tamanco...

Parecia um dragão para beber e sua barriga, um batelão, tanto que armazenava.

Novo gole do tinto e Papacáio limpou a boca com o guardanapo, dando em seguida um arroto mal disfarçado.

Indo em frente:

—Em 14 de novembro de 1917, inaugurou-se a Capela-mor para onde vieram padres redentoristas afim de administrá-la provenientes de Itaquaquecetuba e Penha de França em São Paulo. Construida com verbas provenientes de quermesses leilões, tido a colaboração de oleiros, trabalhadores de enxada, pedreiros, pescadores, sitiantes e comerciantes. Por volta de 1923, a Capela de Nossa Senhora de Lourdes foi agraciada com uma escadaria de pedra trabalhada, por doação de Benjamim Avelar. Com o seu desenvolvimento, em 23 de novembro de 1924, fundou-se o Apostolado da Oração...

A excelente explanação foi encerrada, mais devido a fome insaciável do glutão e contumaz bebedor, indeciso entre falar pelos cotovelos e comer em excesso.

Mas foi na despedida quando se encontrava bem encharcado de vinho e suor a escorrer pela enorme barriga, que a surpresa veio a tona.

Levantando pela enésima vez o copo e saudando os presentes, quase derrubando a moringa com água fresca e o vaso contendo arranjo de flor de laranjeira:

—**In vino veritas**!... (No vinho está a verdade!)...

Gritou Papacáio em latim.

E mal erguendo a cabeça como procurando algo nervosamente no ar, emendou para os presentes, com a língua travada e a boca mole, mas ainda compreensível:

—Mãe Santíssim! Vou confessar uma coisa, que nunca contei para ninguém: gosto de igreja porque onde tem padre, vinho, assados e conversa!...

Tomou fôlego revigorante e outro gole, para concluir:

—Gosto tanto do vinho do padre, como da mulher do compadre!...

E fechando a tampa de seu querido bau-arquivo, com o pé, não teve tempo de despedidas.

Ar cansado como se tivesse corrido légua e meia, derrubando a cabeça sobre a mesa, nariz fincado sobre a toalha antes imaculadamente branca, deu um suspiro e desmaiou.

PARA QUE SERVEM AS ORELHAS

—-Suspiros são prisioneiros fugitivos, que se livram do cárcere da saudade...

Pronunciou dobrando o jornal, o homem cujo apuro de linguagem, era tão aprimorado quanto a elegância de seu trajar. Parecia ter um livro na memória, onde colecionava pétalas murchas e amarfanhadas. De vez enquando retirava uma, ressequida, que marcava as páginas de suas recordações...

Pronunciava frases esparsas, como plumas soltas no ar, evocando a memória do passado. Cenas da primavera de sua vida. Onde a rosa poderia significar a alegria, a violeta, a saudade. Tinha ainda, o amor-perfeito, a sempre-viva. Algumas pétalas guardavam ainda o aroma que alegrava. Outras, mergulhava-o em tristezas da saudade...

Religiosamente todas as tardes, ele tomava uma cerveja no "Bar do João 70", no centro de Poá e ia embora. Raramente alterava o itinerário. E quando tal acontecia, procurava o "Quiósque da Estação".

Seria um poeta? Já tinham ouvido ele enaltecer as qualidades do Tietê, pedindo que nunca matassem suas águas, quando declamou no balcão o poema "O índio velho", de Martins Fontes:

—Ele é a água clara que nos mata a sede,
Ele é a paz, ele é a vida, sendo o pão,
Cantando, à tarde, ao recolher da rede,
Os pescadores vêm beijar-lhe a mão...

Míope. Ar severo. Cabelo curto a escovinha e farto bigode, começando empoeirar-se com a geada do tempo. Andar apressado, curto e miúdo. Metódico a passar todos os dias na mesma hora e no mesmo lado da calçada.

Seu nome? Ninguém sabia, nem o que fazia. Aparentava ser velho professor. Mas de que? De matemática ou violão, poderia ser também advogado; um cientista, talvez. No seu linguajar antigo, fora de moda, na saudação amiga ao encontrar alguém que apreciava, usava o termo:

—Como vai essa bizarria?...

Xingamento quando se referia a inimigo:

—Um pulha, bastardo e réles velhaco...

Coisa boa e conquistador barato?

—Supimpa e gabiru bilontra!...

Tempos passados?

—Priscas eras...

Quantos anos aparentava ter? Ele dizia ter nascido num sobrado, de uma chácara na rua Aurora, no centro de São Paulo (por aí, já dava para calcular) onde seu pai possuia padaria, juntamente com fábrica de macarrão...

—Naquele tempo, a rua Aurora era extenso matagal servindo de "valhacouto de meliantes"!...

Concluia. Na sua juventude, pelo que também contava, como distração tinha o hábito de frequentar quermesse em "logradouros públicos", e ia muito ao Jardim da Luz, enfeitado por patos e marrecos, protegidos pelos avantajados fazedores de sombra, jatobás e sapopemas, a fim de assistir concertos musicais da Força Pública (hoje, Polícia Militar). "Tirar linha" com as "janeleiras". Na época era comum após o jantar, ou mesmo durante a tarde, as mulheres postarem-se à janela, espairecendo, contentando-se em olhar quem passava.

—As vezes correndo riscos, pois naquele tempo em ruas onde habitavam famílias, poderia haver a promiscuidade de casas de reputação suspeita...

Alertava, o homem que as vezes mostrava fotos amareladas, em que se apresentava de cartola, sobrecasaca, calça listada e sapatos de verniz, a descer do tílburi. (Carro de dois assentos, sem boléia, com capota, de duas rodas e puxado por um só animal). Em outras, acompanhado de seu cãozinho de estimação. Um preto e lustroso **basset**, sobre degraus de mármore, da mansão na capital.

—Você sabia, que naquele tempo, além do vôo livre de jaós e colhereiros, garças e baguaris, por São Paulo, havia a profissão de tilbureiro?

Corria informar o homem, referindo-se ao termo em desuso de cocheiro...

Velha estrada Poá-Itaquaquecetuba e rodovia São Paulo-Rio, em 1940. Pelo censo da época, o distrito de Poá tinha 4 950 habitantes e Itaquaquecetuba, 2 965.

Certo dia aconteceu uma desavença na chácara de propriedade do homem estranho e solitário, envolvendo os empregados. O caseiro e outro que limpava os jardins. De um lado, o "Pai-do-Muque", conforme o nome, forte a não mais poder, valentão aposentado das rodas de malandragens poaenses, e o pobre do "Meio-Metro". Um crioulo, de carapinha branca, mal podendo com o peso da enxada e aparentando ser muito mais velho que o patrão...

Quase se agarraram, após a discussão e quando o patrão chegou a coisa piorou. Os dois gritando, ao mesmo tempo tentavam a todo custo contar o sucedido e assim interrompendo a calma do homem, que viera do "Bar do João 70", disposto a descansar.

O dono da chácara, mal procurou a rede. Ao lado de duas palmeiras (carnaúbas), que pareciam gêmeas. Iguais na altura, grossura de troncos e até no número de folhagens. Debaixo de majestoso angelim-rajado, um dos poucos que ainda existiam em Poá. Chamava a atenção.

Quase na hora de pius, cantos de aves noturnas e vagalumes iniciarem voar a esmo por sobre as folhas verdes. Logo a suindara, conhecida pelos poaenses como coruja-das-torres, que encontrava-se de plantão no pau de freijó, iniciaria sua ronda costumeira.

Chegaram os empregados. Ao mesmo tempo e falando juntos. O patrão então pediu que falasse um de cada vez. Tapou uma orelha enquanto o grandalhão "Pai-do-Muque" falava e em seguida fez o mesmo com a outra orelha, a maneira que o raquítico "Meio-Metro", explicava. Causando espanto nos dois, a atitude de tapar e destapar orelhas, pediram explicação, como sempre ao mesmo tempo. O ato afinal, foi levado como brincadeira, num momento tão sério enquanto os empregados expunham suas queixas. O dono chácara foi franco, ao descrever para que serviam os dois orifícios:

—A minha atitude é simples! Apenas estou agindo como Alexandre, o Grande, quando certa vez convidado para um julgamento. Ele tapou com uma das mãos um dos ouvidos. E perguntando-lhe alguém — como vocês fazem comigo — estranhando a atitude e por que assim agia, ele respondeu claramente. Faço das suas palavras, as minhas, agora:

—É que, por um dos ouvidos, ouço a acusação; o outro, reservo intacto, para a defesa do acusado...

Pela resposta, deixou amostra sua profissão: era um juiz aposentado. Faltava somente revelar seu nome.

QUEM PROCURA ACHA

—Não há quem cuspa para o alto, que não lhe caia na cabeça...

Chegaram a falar referindo-se a ele. Que se não era o maior tirador de sarro de Poá, devia ser um deles. Não poupava nem a mãe da mulher com quem vivia. Quando brigava em casa, atacava na bucha:

—Mulher de mais de 40 anos é uma lástima! É feito caneta perto do telefone: quando você procura não acha, quando acha, não funciona...

Metido a engraçadinho, com a esposa também não fazia segredo, ao comentar se defendendo:

—Marido é como bolsa de mulher, minha cara! Incomoda, mas faz falta...

Nas festinhas caseiras, na frente de convidados, só dava ele se adiantando em perguntas envolvendo frases feitas, enígmas, charadas ou pegadinhas.

—Sai fora, jacaré! Mulher feia só dá alegria para cabelereiro...

—O único homem que não pode viver sem mulher, é o ginecologista!...

Concluindo quase sempre seus gracejos, especialmente na ala feminina, com a clássica, por demais conhecida:

—O que a mulher de 40 anos tem entre os seios, que a de 16 não tem?

E nunca esperava alguém tentar responder. Adiantava o expediente, matando o assunto:

— O umbigo...

Uma noite o Gozador de Poá, no alto de seus 20 anos, querendo aparecer como sempre, na frente dos colegas, moças e rapazes como ele, interpelou o professor.

Numa altitude mais que inusitada para a época.

Faltando com o respeito, o discípulo chegou a agredir o mestre com palavras pesadas, rematando:

—Quer saber? O senhor não passa de um velho decrépito!...

Calmamente, o discreto professor e fã da teoria de que intimidade demais gera problemas ou filho, interrompeu o que fazia, voltando-se para o aluno:

—Isso na escala zoológica não tem muita importância...

Tomou um fôlego para prosseguir:

—Não faz muita diferença, especialmente no meu caso. No caso dos burros, porém, é muito grave, pois quando chega aos 20 anos, o animal não vale mais nada...

VER DE PERTO PARA CRER

Ele sempre foi tipicamente paulista, inteiramente paulista...

Histórico rio, hoje chamado Tietê (de origem indígena, que resulta da junção das palavras **ti-etê**, cujo significado é "curso de água, verdadeiro". **Ti**, a água, o líquido; **etê**, o caudal), cujo curso segue o rumo inverso ao de quase todos os rios do mundo, que normalmente correm para o mar...

O Tietê, ao contrário, nasce na Serra do Mar — no município de Salesópolis — atravessa o planalto, se embrenha pelo interior de São Paulo, cortando-o no sentido Leste-Oeste, até desaguar no rio Paraná. Seus longos 1 130 quilômetros de extensão estão vinculados à

História paulista, pois serviram de via natural para a colonização das zonas mais distantes do Estado de São Paulo, desprovidas de outros recursos de comunicação...

Em Poá, há mais de mais de 60 anos atrás, o Tietê ainda conservava relativa fartura de peixes, sustentando inúmeras famílias de pescadores profissionais. Bem como servia de diversão para amadores. Não só peixes, como capivaras, que também atraiam muitos caçadores.

O Francisco, o Sebastiãozinho Ferreira, o "Guigo" (Carlos Pichi), o "João Comprido" (João Batista) e o jovem aprendiz "Quiquiça" (Sílvio), eram caçadores que de vez em quando recebiam a visita de outro colega de esporte daquele tempo, o Fonseca, industrial na capital, que sempre chegava motorizado.

Bem posto na vida, com todo o conforto guiando seu belo carro do ano, para dar continuidade ao divertimento da época: a caça. Só que se dedicavam aos veados.

Apeado do possante veículo, Fonseca sempre surgia para os amigos que o recepcionavam, impecavelmente paramentado, com caprichado bom-gosto: lustrosa bota, calça culote bem passada e no cinturão de fivela larga, facão, bússola e cantil.

E obviamente trazendo atravessado no corpanzil avolumado, a espingarda de dois canos, brilhando e a cartucheira repleta de munição, ao juntar-se aos demais colegas. Quando não, máquina fotográfica.

Munidos de buzina (para o toque de reunir a cachorrada e outros significados), com trelas e mais trelas de barulhentos cães, chamados de americanos, cor vinagre e finos de corpo, que obrigavam os caçadores exercerem longas caminhadas. Geralmente de Poá, atingindo os distantes campos do Monte Belo, em Itaquaquecetuba...

Tinha sido através do rio Tietê que os primeiros portugueses, após vencerem a barreira da serra do Mar e encontrarem no planalto um lugar privilegiado para instalar um povoado, fizeram as primeiras incursões colônia a dentro.

Por ele, que as férteis terras do Este puderam ser desbravadas, quando em meados do século passado a decadência do café no Vale do Paraíba, exigia a procura de novo local para seu plantio...

Esse fabuloso leito de águas claras e generosas, tinha sido também, a estrada líquida dos valentes Bandeirantes...

Da brava gente paulista...

O Tietê de lendário curso de água, parecia só não agradar aos seis amigos de Poá, pois não eram pescadores. Certa feita, para variar, como tinham mesmo automóvel a disposição (do amigo Fonseca, é óbvio) resolveram iniciar a caça lá pelos confins de Itaquera.

Contendo ainda umas poucas matas de jacarandás, caobas e cedro-vermelhos. Embora frutas como bacuri, patauá, umari, uxi, taperebá, não mais existiam. Apenas alguns pés de murta e maria-pretinha.

Onde para isso, amontoaram no carrão, tralha de caça, cães e caçadores. Em busca de veados campeiros.

Carro cheio, Fonseca resolveu, durante o trajeto urbano, parar numa banca de jornal de uma praça de Itaquera, afim de apanhar o "Estadão", antes que esgotasse.

Pretendia ler a noite, quando após a cansativa caçada chegava em sua casa, ao lado da indústria, na Quarta Parada...

Ao encostar na banca, um moleque que vendia os jornais, postou-se à janela do auto, olhando muito atentamente.

Não satisfeita a sua curiosidade, corre para o outro lado e observa o passageiro com a mesma atenção. O "João Comprido", no alto dos seus quase dois metros, que já estava intrigado com o menino, de mau-humor interroga o pequeno:

—Que tanto me olha? Nunca me viu?

Ato continuo abre a porta e desce. O garoto fica assombrado e antes de nova pergunta, responde atemorizado:

—Eu pensei que o vidro do automóvel fosse de aumento...

VOLTAS DA VIDA

Início da década de 40. As copas das árvores, seus troncos, a grama resplandeciam. As gotas de orvalho que pendiam das teias de aranha, no jardim, também brilhavam sob os primeiros raios de sol. Restando poucas matas de tapiá e tarumã. Guarucaia e carapiá. A casa grande, na sua impertubável quietude, foi ficando cada vez mais distante, a maneira que o pensamento avançava...

Natureza ainda boa, mas onde estava a tão decantada beleza do galo-da-serra, do tempo dos meus avós?...

Papa-capim, sanhaço, corruíra, sabiá-castanha, tisío, pintassilgo, bicudo, ainda existiam. Assim como rolinha e inhambu. Mas o que tinha acontecido com o papagaio de peito roxo, a tiriba, o apacanim, o gavião pega-macaco, o socó, o cabeça-seca e a pomba-de-espelho? A choquinha e a cotinga? O anambé vermelho?...

Que fim tinha levado a tão falada imponência das matas de sucuúbas e itaúbas, onde essas aves pousavam, e que serviam de base também para o gavião-de-penacho e o gavião real? Para onde tinham ido as majestosas florestas de outrora, de cedros e freijós, bacuparis e guaperês, as quaresmeiras, mulungus e cambarás, maricás e mindibas, que cercavam o rio Tietê, protegendo matrinchãs, dourados, pacus, piramutabas e outros grandes peixes?...

Já não mais restavam na região, levando consigo os altos troncos dos ipês, que se destacavam na massa verde-cinzenta da outrora poderosa mata poaense. Do jacatirão, embaúba e aroeira-branca. Como também não se viam mais, o beija-flor de gravata vermelha, nem o de orelha azul, quanto mais o famoso e raro, de rabo redondo.

Só havia o urubú-rei, de plantão...

Hoje o rio Tietê é um enorme esgoto a céu aberto. Mal cheiroso e abandonado lugar, cheio de lixo e restos de alicerces de antigas e demolidas construções tomadas pelo mato rasteiro, onde as pessoas evitam passar por perto.

Habitado apenas por esfomeadas ratazanas.

Mas no passado ali ficavam as mais lindas casas e não no centro, tanto de Poá quanto de Itaquaquecetuba.

Belíssimo lugar cheio de vida. No que diz respeito aos peixes, de enorme variedade e quantidade, circulando em águas límpidas, quanto de pessoas que ali moravam. Pescadores profissionais em seus ranchos simples e donos de chácaras e sítios em suas confortáveis residências. Dois extremos, fora os amadores da pesca, pousando em casas mais modestas, cercadas de dedaleiros e aguaís, nos fins de semana, quando saiam da capital...

Quando mudamos para Poá, em 1939, eu meu pai, minha mãe e meu irmão Luiz, o meu avô materno Sebastião Ferreira dos Santos, já havia falecido há anos em Itaquaquecetuba. E meu avô paterno, o capitão Francisco Ignácio da Silva, não era mais nem sombra do "Poderoso Senhor de Poá", de outrora. Quando fôra dono de quase toda a cidade, possuindo 500 escrituras registradas, só no cartório de Mogi das Cruzes. Apenas 20 por cento, o centro de Poá, não era dele...

De lá para cá sua fortuna foi se extinguindo pouco a pouco. Esvaindo-se pelos dedos. Desaparecendo pelas dobras do tempo, como a muralha verde de floresta composta de vigorosas andirobas poaenses, quase impenetráveis. Com tudo que tinha dentro.

(A ponto de, por uma dessas ironias do destino, a filha mais velha do capitão, a minha tia Julinha, quando faleceu no ano de 2001, aos 105 anos de idade, morar em casa de aluguel)...

Em 1939 começava a Segunda Grande Guerra Mundial e iniciava também para nós, eu e minha família, anos de tristezas e provações.

Até então, morávamos tranquilos na capital, onde meu pai Francisco Ignácio da Silva Filho era alto funcionário da Drogaria Baruel, no centro de São Paulo. Ficou doente ainda jovem, foi obrigado a aposentar-se precocemente e assim chegamos em Poá para ocupar a enorme casa, que meu avô já pretendia vender.

Sua imponente residência de longo tempo. Até hoje, passados mais de 60 anos encontra-se de pé, reformada várias vezes, evidentemente. No alto da rua Capitão Francisco Ignácio.

Como já tinha feito o primeiro e o segundo ano no Grupo Escolar Santo Antônio do Pari, na capital, completei o terceiro e o quarto em Poá. Única escola que havia e no centro.

Lembro-me com perfeição, do bandolim dependurado numa das paredes da residência do casal de meus professores Páride Badini e José Móia. Onde os alunos terminavam os trabalhos manuais para a exposição escolar de fim de ano Assim como conservo ainda nos olhos, os belos rostos das três meninas mais lindas da escola. As loirinhas Wanda, filha do "seu" "Guigo", sua prima Wandina, e a morena Julinha Espírito Santo!

E na boca trago ainda o sabor do bolo de fubá, e da pipóca (apesar de frios), que o Joãozinho Celeiro levava para vender no pátio, na hora do recreio...

Conservo ainda na memória, os belos momentos de minha fase infanto-juvenil despreocupada. Recordações. Emoções. De alegres e risonhas manhãs de sol e horas tristes do cair da tarde. Nostálgicas noites de inverno e fria garoa.

O som das músicas dos parques de diversões, que eram montados ao lado da igreja. A tocar repetitivamente. Uma delas: "Na casa branca da serra"...

O sino da matriz, que mesmo quando no ruidoso bimbalhar festivo, possuia a voz da melancolia...

Durante as tardes de verão, atravessávamos a chácara onde morávamos, existindo os mais variados tipos de frutas e em grande quantidade: uva, caqui, pera, laranja, mixirica, pêssego, ameixa, fruta-do-conde, melancia e chegávamos na barranca do limpo ribeirão.

Passava entre as terras da casa de meu avô e o pasto do Pereli. Que uma vez represado com troncos de bananeiras, auxiliado pelo restante da garotada, transformava-se em rústica piscina, de águas claras e mornas. Lugar tão próximo da capital e tão distante ao mesmo tempo!

Sem o menor traço de poluição tanto no ar, quanto na água em que banhávamos...

Tudo acabava sendo divertido. Quer fosse dirigindo-me no único cinema da cidade (que o "Birigui" tomava conta), ou assistindo o futebol majestoso dos três irmão Árias. O centro-avante "Chicão", o goleiro Jacinto e o ponta-esquerda "Canhoto" (Carlos). No clássico, Poaense vérsus Concórdia. "Pé-vermêio" contra "Pó-de-arroz".

Pescando lambari usando como isca o inseto siriri e a frutinha imbaúna, no rio Tietê ou minhoca para os acarás das lagoas próximas.

Peixes só tinha esses, mais o saguiru, o bagre, o cascudo, a traíra. E a tabarana, o maior do ex-Ahembi. Que fim tinham levados todos os outros do passado? Rareando também quaresmeiras e paineiras...

E para completar a pescaria, saboreando enorme sanduiche de mortadela comprado na venda do "seu" Garcia (pai da Virgínia, Elza, Inez e Laura) e preparado com capricho pelo crioulo Flávio...

Durante as tardes calorosas, observava minha mãe conversando com as amigas que passavam por ali.

A jovem Suad, passeando e puxando pelos braços o seu pequeno irmão Munir. A dona Luci, mãe da Eliana e da Alaíde, trazendo pelas mãos seu filho Eduardinho (hoje o prefeito Eduardão) de uns quatro anos, enquanto trocava idéias sobre as novidades: uma receita de doce ou corte de vestido...

Como não podia deixar de lembrar das instruções sobre futebol do nosso técnico Dante Fuga, no campo do Concórdia (Esporte Clube Concórdia Poaense, fundado em 23 de agosto de 1931). E das aulas de catecismo ministradas pelo Padre Eustáquio.

A roda da vida foi nos levando até o dia em que meu pai, em 1944, depois de cinco anos conosco em Poá, faleceu. Eu, minha mãe e meu irmão, voltamos para São Paulo.

Apesar dos tempos difíceis que passamos em terras poaenses, recordo-me com imensa saudade do lugar.

Quando a gente é criança nada é ruim, pelo contrário...

PEREGRINOS DA ESPERANÇA

Sobre o rio Tietê luzia um pálido luar entre pesadas núvens, que alcançava as duas localidades vizinhas. Irmãs de fé...

Assim como Itaquaquecetuba, tivera o líder religioso, beato Nhô Ricardo, o "Antônio Conselheiro da Capela", milagreiro que arrastava multidão, Poá passava a ter o seu, na figura do Padre Eustáquio.

Graças a Eustáquio Van Lieshout, esse seu nome por completo e nascido em 3 de novembro de 1890, na cidade de Ginneken, na Holanda, sendo filho de Guilherme van Lieshout e de Izabel Van De Meulenhof, a cidade de Poá, estava cercada de peregrinos em busca de milagres.

Na época, o Tietê não tinha mais pacupebas nem piraputangas, em suas águas. Mas os poaenses e visitantes, ainda pescavam outras espécies menores, com varas, como diversão. Ou como profissionais, indo de barco levando a rede de arrastão, com bóias feitas de pedaços de tronco de sarã, em semicírculo contra o barranco, fechando-os.

E nas noites escuras como breu, na lua nova, a pesca podia ser até de facho. Sem lampião. O pescador punha na proa da embarcação um pouco de barro ou telha, lascava a piúva-preta, e punha fogo. Os peixes se encarregavam de pular no barco. E não é mentira de pescador...

Mas os tempos estavam começando a mudar. No lugar de pescadores a procura de diversão, foram chegando aqueles que buscavam milagres para seus males.

Em janeiro de 1941, centenas de pessoas de fora afluiam a pequena rua Coronel Benedito de Almeida (atual 26 de Março), em busca do piedoso sacerdote. E no mês de abril o número de romeiros atingia 6 000 por dia. Para em maio comprimir-se diariamente, 10 000 pessoas nas acanhadas ruas poaenses.

Os jornais passaram a focalizar o fenômeno, transformando em assunto nacional. As manchetes surgiam diariamente, tendo como motivo o Padre Eustáquio: "Peregrinos da Esperança chegaram!", "Os milagres atribuidos ao sacerdote de Poá", "Romeiros de toda parte procuram a Fonte dos Milagres", "Legiões de enfermos de todo o Brasil em busca da água milagrosa de Poá", "Padre Eustáquio sou cego, devolvei a luz de meus olhos", "Até a muda falou", "O médico foi curado pelo Santo de Poá", "Padre Eustáquio mandou o aleijadinho andar", "Meu filho jogue fora essa muleta", "Os próprios médicos procuram o santo de Poá" .

Padre Eustáquio já não podia mais satisfazer seus enfermos, através de visitas ao centro. Que estavam sendo mandados para longínquos bairros e sítios de Poá e de Ferraz de Vasconcelos. Não tinha mais tempo. Por isso passou dali em diante a atender a todos, porém de uma forma mais simples: com benzimentos.

As pessoas que chegavam a Poá procurando melhores dias para seus sofrimentos, através de trens sujos e lotados, não encontravam acomodações adequadas. E havia sempre exploradores, oferecendo pouso por poucas horas a preços escorchantes. Mesmo assim as romarias continuavam aumentando. Isto posto, a situação tornou-se impossível de se manter. E só aí então, que as autoridades eclesiásticas decidiram transferir o milagroso sacerdote para outro lugar.

No dia 13 de maio de 1941, o Padre Eustáquio, ausentou-se de Poá licenciado por um mês. (Porém nunca mais voltou). Sua saída foi muito sentida pelo povo e chorada pelos seus fiéis. Mandaram o querido religioso para Minas Gerais, na cidade de Patrocínio.

Em 30 de agosto de 1943, em Belo Horizonte o Primeiro Vigário de Poá, encontrou a morte aos 53 anos de idade, em virtude de sua estafante atividade humanitária. Foi sepultado no Cemitério do Bom Fim, e em 31 de janeiro de 1949, seu corpo foi trasladado para a Matriz do Sagrado Coração, em Belo Horizonte.

Em Poá, no dia 2 de setembro de 1951, os amigos do Primeiro Vigário, inauguraram defronte da matriz um monumento em sua homenagem. E sete anos após, no dia de Nossa Senhora de Lourdes, inaugurou-se a praça homônima.

Alunos do Grupo Escolar de Poá, início da década de 40. Entre os quais assinalado, está o autor deste livro. Além do casal de professores Páride Badini e José Móia.

Em 1924, Padre Eustáquio e mais dois outros companheiros, foram mandados à Espanha aprender o espanhol, para iniciar uma ação de apostolado na América do Sul.

E ele acabou vindo para o Brasil, chegando em 1925, onde Dom Antônio Lustosa, então Bispo de Uberaba, levou-o para o santuário de Nossa Senhora da Abadia, em Água Suja, pequeno lugarejo do Triângulo Mineiro.

Poucas famílias do lugar tinham formação religiosa, exigindo o máximo do espírito de missionário do recém chegado...

Oito anos depois deliberava a Congregação Sagrados Corações transferí-lo para Poá. Nessa ocasião, dada a maneira como Padre Eustáquio era querido pelo povo, em Água Suja, a população católica revoltada reuniu-se contra a sua transferência. Cem homens foram destacados para vigiar a casa paroquial e impedir a saída do vilarejo. Depos de longa conversa o próprio sacerdote convenceu os fiéis, de que ele deveria servir onde determinassem seus superiores.

Poá, 1935. Eis como um cronista, em estilo da época, descreveu a cidade. No exato ponto, em que o local da igreja, era o preferido para turistas e excursionistas paulistanos fazerem pique-nique:

"Da estação sai uma rua estreitinha, cheia de um casario anacrônico, velhas casas dos tempos de antanho. E a vila se resume nessa rua incolor, despida de qualquer interesse, morta, sem vivacidade alguma. Carros de bois passam lerdos transportando verduras dos sítios das redondezas. E lá, no fim da ruela, numa elevação de terreno dominando toda a paisagem recortada de morros azulados ergue-se finalmente o templo de Poá: Nossa Senhora de Lourdes"...

Assim que a matriz de Poá foi elevada a categoria de paróquia por decisão do arcebispo de São Paulo (e conforme o ambiente descrito pelo cronista daquele tempo), dom Duarte Leopoldo e Silva, em 11 de fevereiro de 1935, tomou posse como primeiro vigário, o padre Eustáquio Van Lieshout, da Congregação Dos Sagrados Corações de Jesus e Maria.

Como a paróquia havia sido acarretada de outras anexas de Itaquaquecetuba, São Miguel, Arujá e outras ao redor, mais tarde ainda foi acrescida de Itaquera e da Capelania das Monjas Carmelitas, em Mogi das Cruzes.

A posse de padre Eustáquio foi dada pelo Vigário Geral da Arquidiocese de São Paulo, Dom Ernesto de Paula.

Nesse dia saiu da estação um cortejo em direção à Matriz, onde foi rezada uma missa solene abrilhantada por coral organizado por poaenses e amigos de Poá.

Às 17 horas desse mesmo dia saiu uma procissão em evocação e homenagem a Nossa Senhora de Lourdes, costume que se tornou tradicional todos os dias 11 de fevereiro, sendo transformado em feriado municipal como Dia da Padroeira de Poá.

Em 13 de março de 1935, o Padre Eustáquio presidiu pela primeira vez a reunião do Apostolado da Oração da Matriz de Poá.

No mês de abril realizaram-se pela primeira vez solenidades da semana santa em Poá.

E no dia 15 de maio, obteve-se licença para benzer a imagem da padroeira, havendo depois, um grande giro paroquial pregando santas missões em todas as paróquias.

Durante o mês de junho, construiu-se com contribuições do povo, uma nova escada de entrada a matriz, e as pedras da velha escada foram aproveitadas para cercar o largo.

Em dezembro de 1935, Padre Eustáquio, viajou para a Holanda, a fim de gozar suas férias.

E de regresso ao Brasil, em juho de 1936, no dia 26, passou a ser carinhosamente recepcionado na estação ferroviária de Poá, pelos paroquianos. Com generosos donativos recebidos de parentes na Holanda, iniciou em 23 de novembro, a construção do Convento e Casa Paroquial.

Na festa da Imaculada Conceição de Nossa Senhora, em 8 de dezembro de 1936, foi solenemente benta e lançada a primeira pedra e a 10 de maio de 1937, instalaram-se, Padre Eustáquio e seus dois coadjutores definitivamente no primeiro e novo convento da Congregação em terras paulistas.

Com suas próprias mãos, Padre Eustáquio levantou ao lado da pequena igreja, uma Gruta de Nossa Senhora de Lourdes, provida de minúsculo depósito onde colocou um pouco de água que considerava milagrosa, trazida da Fonte de Massabiéle, quando de sua estada na França.

Passando a lutar para ampliar a Igreja Matriz, enquanto paroquianos enfermos já procuravam regularmente a gruta.

Que foi passando a atrair multidões, cada vez mais...

O espírito apostólico desse simples padre, sua paternal bondade com o próximo e suas virtudes sacerdotais, criaram fama.

Projetaram seu nome muito mais para além, do que o estreito circulo de seus paroquianos poaenses, poderia imaginar.

E em pouco tempo, ninguém mais segurava as notícias de curas obtidas por meio da milagrosa água da gruta, da igreja de Poá.

Espalharam-se por todo o Estado, percorrendo o Brasil, atingindo paises limítrofes, como Argentina e Uruguai...

A Água de Lourdes passou a ficar pouca e os interessados muitos. Por isso a solução encontrada na época, foi suprir a ausência dela, por outra que o próprio povo trazia de casa e o Padre Eustáquio benzia. Reforçado por "Bentinhos de São José" e orações...

Padre Eustáquio — o milagreiro.

Há testemunhos vivos e documentação escrita no Vaticano para a beatificação de Padre Eustáquio em razão de seu trabalho realizado entre os pobres. Necessitados e doentes.

Sua fama de fazer milagres estendeu-se pelo Brasil e pelo mundo, divulgando paralelamente o nome da cidade de Poá.

Não discuto aqui o fenômeno em si. Apenas confirmo: os milagres ou curas do Padre Eustáquio, foram incontestáveis. Existiram. Frequentes nas ruas de Poá daquele tempo, e presenciados por muitos.

Eu era criança demais para julgar? Pode até ser...

Mas com sua paranormalidade incomum, a biografia do Padre Eustáquio passou a ser mais rica, nos arquivos da igreja. No entretanto, o episódio dos Milagres de Poá, é ali registrado com excessiva cautela...

De qualquer maneira, a profecia do padre jesuita de 1600 (página 18 deste livro), foi cumprida!

No lugar dos Romeiros da Fé, numa gloriosa manhã, depois de terrível temporal noturno, as núvens se dissiparam rapidamente para além do horizonte, anunciando que algo estranho aconteceria por ali.

O gotejar das árvores molhadas pouco a pouco se acalmou e quando nada mais existia da chuva, passaram a vir os Peregrinos da Esperança. Aos poucos e logo depois em grande quantidade.

Que um religioso voltando trezentos anos depois, conseguiu reunir aos milhares em Poá...